빛나지만 음험하고 고요하지만 변화하며 고풍스러우면서도 탈역사적인 척하는
어느 매력적인 도시 여행기

이인우 기자가 교토에 연구원으로 간다고 했을 때 사실 좀 놀랐다. 해가 지나고 지나 그 '연구결과'인 이 한 권의 인문기행록을 읽어보니, 저자는 바다 건너 교토에서 궁리도 무척 열심히 하고, 책도 많이 읽고, 튼튼한 두 발로 여행도 참 부지런히 다닌 것 같다.

『교토, 길 위에 저 시간 속에』는 교토의 명승을 탐방하며 일본 특유의 정물적 미학을 감상하는 한편, 대상에 시간성과 공간성을 부여하여 그 특유의 물신주의적 성격을 지양하는 책이다. 쉽게 이야기하면 일본인들은 사물이건 직업이건, 어떤 것에 대한 집착에 가까운 끈기와 의지를 기울여 빼어난 예술품을 만들 줄 아는 사람들이다. 실로 장인의 민족이다. 하지만 우리가 익히 알듯 그들은 사물의 경계를 넘어서는 이해나, 인류의 보편적 가치라는 테마들은 굳이 안 보이는 쪽에 밀어두려는 경향이 있다. 나는 한국인들이, 특히 한겨레 이인우 기자라면 그런, 일본인이 대개 놓치고 있는 문제를 늘 고민해 온 사람이라 확신한다. 이 책을 읽었을 때 비로소 일본이 자랑하는 예술도시, 교토의 아름다움이 '보편성'을 획득한다고, 심지어 다른 차원으로 '업그레이드'된다고 얘기하면 지나친 말일까? 그런 의미에서 이 책은 한국인이 일본인들을 세계로 인도하는 책이다. 한일 간의 친선우호의 신호등이 될 만하다.

조양욱 | 전 국민일보 도쿄특파원 · 일본문화연구소장

정갈한 문장과 풍부한 인문적 식견, 아름다운 사진으로 채워진 『교토, 길 위에 저 시간 속에』를 통해 교토라는 매력적인 도시가 우리 앞에 생생하게 현전現前한다. 교토의 명소와 거리, 절을 소개하고 교토 곳곳에 아로새겨진 도래인의 흔적을 탐문하는 이 책은 단지 이국의 고도(古都)에 대한 접근에서 더 나아가, 한국인에게 교토라는 공간이 지닌 문화적·역사적 의미를 흥미진진하면서도 뼈아프게 살핀다. 저자 이인우는 에필로그에서 시인 윤동주를 호명하며, "동주는 교토에 다시 돌아가(오)고 싶어하지 않았을까?"라고 적었다. 시인의 슬픈 운명과 교토의 매력을 한껏 상징하는 이 문장은 왜 우리가 『교토, 길 위에 저 시간 속에』를 마음으로 읽어야 하는지를 여실히 보여준다. 한마디로 청년 윤동주를 생각하며 교토의 골목골목을 거닐고 싶게 만드는 뜻깊은 책이다.

권성우 | 숙명여대 교수·문학평론가

교토, 길 위에 저 시간 속에

이인우 지음

파람북

가볍게 알아보는 교토 소사

BC 300년경

원주민들이 독자적인 세계를 이루어 살던 일본. 그러나 BC 10세기부터 농업기술을 지닌 도래인들이 대륙에서 일본으로 이주하기 시작하여 마침내 지배적인 집단이 되었다. BC 3세기 초에는 벼농사가 빠른 속도로 교토 인근까지 퍼져나갔다. 일명 야요이 시대의 개막.

#가모신사

6, 7세기경

대륙으로부터의 이주가 마지막으로 정점을 찍었다. 한반도에서 막 건너온 도래인들은 교토 인근에 집단적으로 정착.

#야사카신사 #우즈마사 #기후네신사

794년

간무덴노(천황)가 교토로 천도했다. 귀족적인 헤이안 시대의 시작. 일본은 대륙의 영향으로부터 점점 벗어나 독자적인 일본문화를 가꾸어 나갔다.

#산젠인 #도지 #히라노신사 #세키잔선원

11세기

황실, 그리고 여러 귀족들 사이에서 내란 발생. 이 결과 귀족들의 시종(사무라이)에 불과했던 무사(부시)들이 점점 실권을 쥐게 되었다.

#미이데라

1185년

무사 집단 사이의 권력다툼에서 승리한 미나모토노 요리토모가 가마쿠라에 막부(바쿠후)라는 무사정권을 수립했다. 교토의 정치적 위치는 약화되었으나, 상업이나 문화적인 역량은 점점 발전했다.

#기온 #고산지 #사가노의 작은 절들

1392년

가마쿠라막부의 약화 후 아시카가 가문이 덴노와의 대결에서 승리, 교토의 무로마치에 막부를 설치했다. 선종불교가 예술적 영향력을 자랑하던 시기.

#금각사 #은각사 #쇼코쿠지 #다이토쿠지

1467년

아시카가 가문의 후계자를 둘러싸고 무사들 사이의 내전이 일어났다. '오닌의 난'이라고 불리는 이 사건으로 교토 거리들은 일시적으로 초토화됐다.

#교토의뒷길

15세기 중반~ 16세기 후반

센고쿠 시대(전국시대). 다이묘라고 불리던 지방 유력자들이 영주가 되어 각자의 영토를 지배했다.

#료안지 #다이토쿠지 #쇼렌인

1590년

도요토미 히데요시의 일본 통일(일명 모모야마시대). 그리고 그는 2년 후 임진왜란을 일으켰다.

#산보인 #곤요잔지조인

1603년

도쿠가와 이에야스가 도요토미의 후계들을 물리치고 대권을 장악. 에도(오늘날의 도쿄)에 막부정권을 설립했다. 에도시대의 개막.

#가쓰라리큐 #슈가쿠인리큐 #시센도 #고에쓰지 #겐닌지 #가모가와강 #난젠지

1869년

1853년 미국에 의해 일본이 강제 개항되자, 막부의 권위는 손상되고 반대파는 덴노를 명분으로 결집했다. 대결은 덴노파(존왕파)의 승리로 끝났고 1968년 메이지 유신과 일본의 근대화로 이어졌다. 1869년 도쿄로의 천도로 교토는 오랜 수도 지위를 내줬다.

#유신의 길

1890년

교토 산업화의 상징인 비와코소스이 수력발전소 건설. 1912년에는 제2발전소가 완공되었으며, 같은 해 다이쇼 덴노가 즉위하며 일본에 정치, 문화적으로 자유주의적 기풍이 십여 년간 유행했다.

#철학의길 #비와코소스이

1937년

중일전쟁 발발. 태평양전쟁으로 이어졌다. 교토는 미 공군의 전략폭격을 간신히 면했고, 많은 문화재들이 살아남았다.

#윤동주시비

1969년

일본 학생운동의 전성기. 이 시기 학생 지식인들 사이에서 제국주의적 과거의 반성이나 자이니치(재일교포)의 인권 문제 등이 화두가 되었다.

#만수시 #우토로마을 #고려미술관

1994년

'고도 교토의 문화유산' 17곳이 세계문화유산으로 등재되었다.

#닌나지 #니조성

1997년

교토역 신역사 건립. 같은 해 지구온난화 방지를 위한 교토의정서가 교토에서 채택되었다.

#교토에키비루

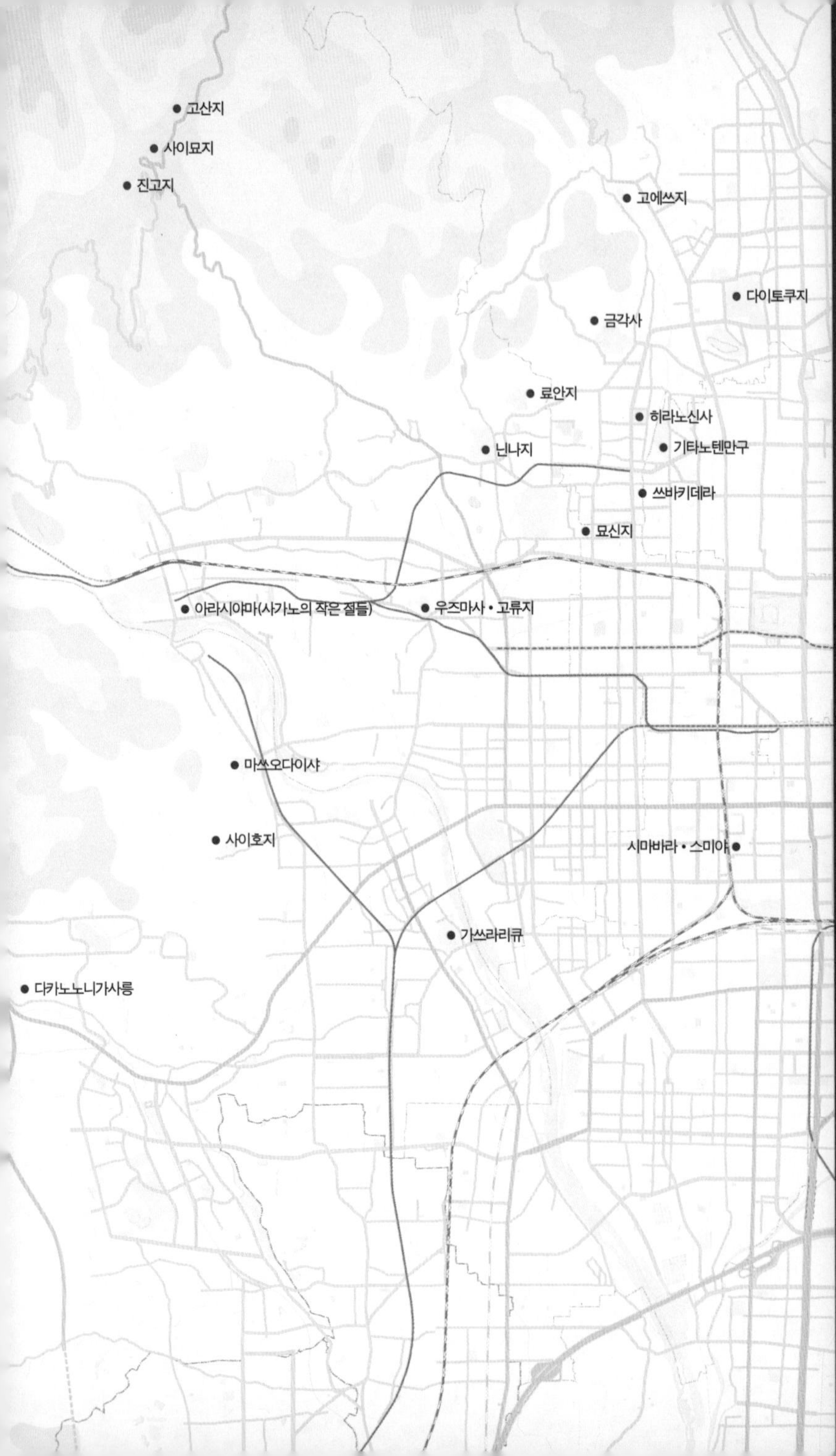
고산지
사이묘지
진고지
고에쓰지
다이토쿠지
금각사
료안지
히라노신사
닌나지
기타노텐만구
쓰바키데라
묘신지
아라시야마(사가노의 작은 절들)
우즈마사 • 고류지
마쓰오다이샤
사이호지
시마바라 • 스미야
가쓰라리큐
다카노노니가사릉

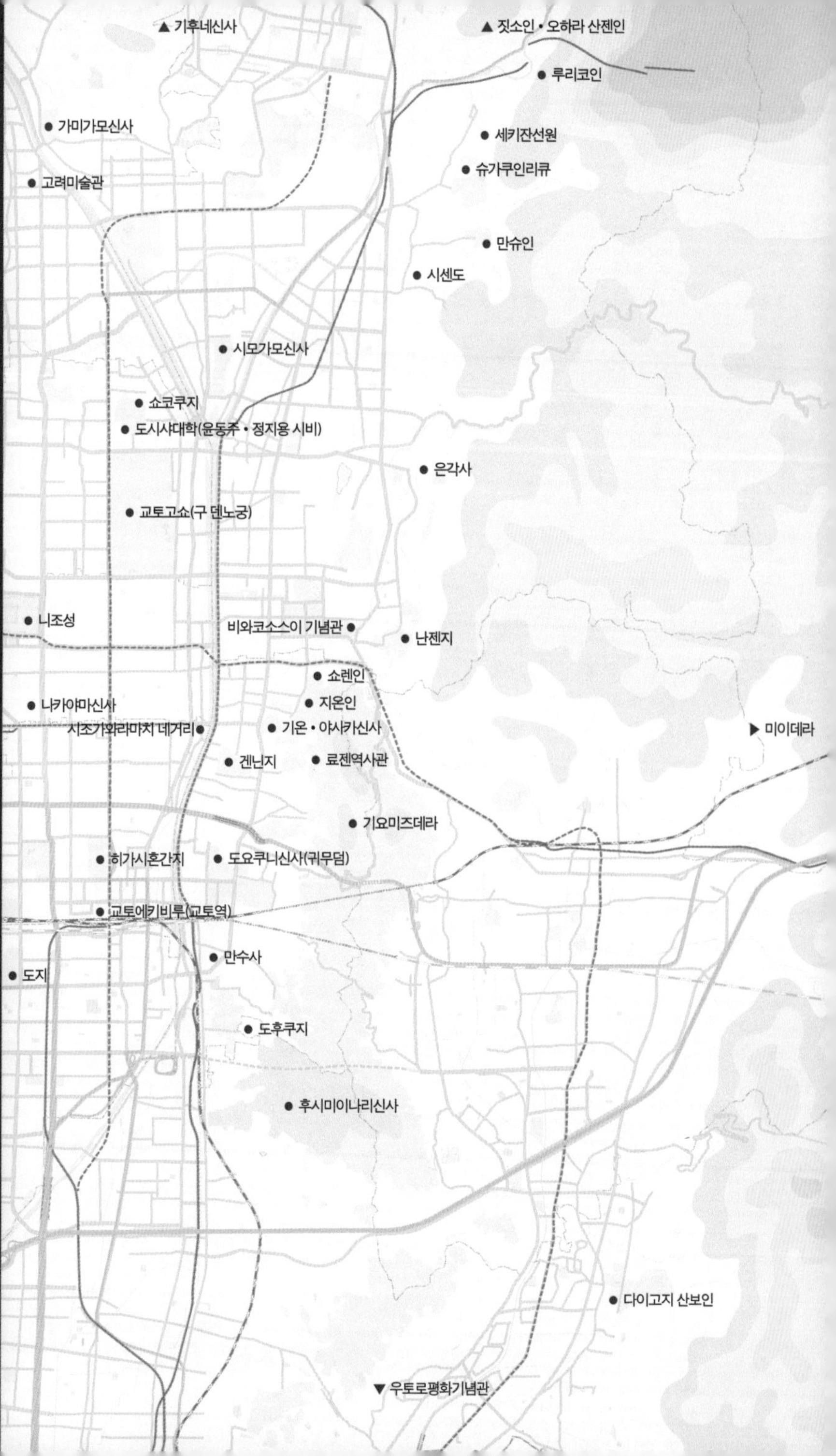

▲ 기후네신사
▲ 짓소인 • 오하라 산젠인
● 루리코인
● 가미가모신사
● 세키잔선원
● 슈가쿠인리큐
● 고려미술관
● 만슈인
● 시센도
● 시모가모신사
● 쇼코쿠지
● 도시샤대학(윤동주 • 정지용 시비)
● 은각사
● 교토고소(구 덴노궁)
● 니조성
비와코소스이 기념관 ●
● 난젠지
● 쇼렌인
● 나카야마신사
● 지온인
시조가와라마치 네거리 ●
● 기온 • 야사카신사
▶ 미이데라
● 겐닌지
● 료젠역사관
● 기요미즈데라
● 히가시혼간지
● 도요쿠니신사(귀무덤)
● 교토에키비루(교토역)
● 만수사
● 도지
● 도후쿠지
● 후시미이나리신사
● 다이고지 산보인
▼ 우토로평화기념관

일러두기

1. 일본의 지명, 인명, 기타 용어의 표기는 외래어표기법을 따랐다.
2. 일본식 한자는 일본식 그대로 표기했다.
3. 책 제목은 『 』, 문학작품이나 미술품의 제목은 「 」로 표시했다.

책을 읽기에 앞서

걷기를 좋아한다. 좀 더 정확하게 표현하면 천천히 길을 걸으며 주변을 두리번거리고, 이런저런 생각에 빠져 있는 상태를 즐긴다. 굴곡이 많지 않은 거의 평지에다, 발에 채일 정도로 문화유산이 가득하고, 고대 한국인의 발자취가 짙게 밴 '천년고도千年古都' 교토京都는 더할 나위 없는 걷기의 천국이었다.

필자는 2022년 6월부터 1년간 일본 리쓰메이칸대학立命館大学 시라카와 시즈카白川静 기념 동양문자문화연구소 객원연구원으로 교토에서 생활했다. "연구는 어디서나 할 수 있으니 최대한 교토의 많은 곳을 다녀보라"는 지도교수님의 배려 속에 주말과 주중 하루를 '교토 역사·문화 산책'으로 보냈다. 이 책 『교토, 길 위에 저 시간 속에』는 1500년의 문명과 역사 속을 거닐었던, 때로는 놀랍고 때로는 아련했던 발걸음 가운데서 독자 여러분과 나누고 싶은, 교토라는 고도에 대한 느낌과 생각을 골라 엮은 것이다.

필자의 '교토 걷기'는 크게 두 테마로 진행됐다. 한 번은 교토 속의 '일본'을 찾아서, 한번은 교토 속의 '한국'을 찾아서. 그렇게 한 주씩 번갈아 떠난 교토 속의 일본문화유산, 교토 속의 한국 답사는 인근의 나라奈良 기행을 포함, 총 69회에 걸쳐 120여 곳에 달했다.

잘 알려져 있듯이 교토는 서기 794년부터 메이지유신(1868)으로 덴노(천황) 어소御所가 도쿄로 옮겨갈 때까지 천 년 이상을 일본의 수도로 기능하면서 일본 문화의 정수를 창출하고, 응축해온 일본의 대표적인 고도이다. 일본 국보의 28%, 중요문화재의 15%가 있고, 세계문화유산이 17곳이나 된다. 인구 140여만의 도시에 약 1680여 개의 절과, 410여 개의 신사가 있다.[1] 이런 유례없는 수치들은 교토가 고대, 중세와 근세, 그리고 현대에 이르기까지 거의 중단없이 각 시대의 일본 문화와 역사를 중층적으로 쌓아왔기에 가능한 일이다. 그래서 교토는 현대 일본인에게도 "일본 문화의 박물관이자, 일본 미의식의 원천지"이다.[2] 여행자

---

1 『京都学を学ぶ人のために(교토학을 배우는 사람들을 위해)』(上田正昭 감수, 芳賀徹/富士谷あつ子 편, 世界思想社, 2002)

2 위의 책.

가 어느 나라 사람이든 일본이라는 나라의 역사와 전통문화를 함축적으로 이해하는 데 이보다 더 적합한 도시는 없다.

교토 속의 '한국'을 찾아가는 여로는 일종의 시간 여행이다. 교토는 세계의 도시 가운데 한반도와 가장 인연이 깊은 도시다. 한마디로 가장 "한국사韓國史적인" 외국 도시이다.

교토는 5세기 무렵 신라계 도래인渡來人 하타씨秦氏들이 개척했고, 8세기 말 백제계를 자부한 간무덴노桓武天皇가 수도 헤이안쿄平安京를 건설했다. 초기 헤이안쿄 거주민은 대부분 하타씨 계열이었으며, 교토 지방 호족의 약 3분의 1이 백제계, 고구려계를 비롯한 한반도 도래인이었다.[3] 이처럼 교토는 한반도에서 건너간 사람들을 제외하고는 도시의 생성을 이야기할 수 없을 정도이다. 일본 사학자 이노우에 미쓰오井上滿郞(교토산업대 명예교수)는 이런 역사 때문에 "도래인은 교토 구축의 원점原點"이라고까지 말하고 있다.

한일교류가 가장 활발했던 고려말과 조선 전기의 교토는 일본 속의 '코리아 센터' 같은 곳이었다. 그 수준 높은 친선우호의 기간에 교토는 "조선에서 보내는 정보의 수신지이자, 일본으로부터의 발신지"였다. 외국

---

3 앞의 책.

과 국교가 없던 일본인들에게 외부 세계를 향해 열린 유일한 "국제의 창"이었던 것이다. 임진왜란 이후 12차례에 걸친 조선통신사 외교실무를 맡은 사람들도 막부幕府(바쿠후)가 있는 에도(오늘날의 도쿄)가 아니라 교토의 학승들이었다. 이처럼 중세에서 근세까지 일본에서 한반도와 외교적 · 문화적 교섭을 주도한 것은 교토사람들이었다.[4]

이 책의 구성도 이런 답사 성격에 따랐다. 전체 5부 중 1부는 일본인과 일본문화를 이해하는 창으로서 필자가 꼽은 교토의 절과 신사, 명소에 대한 감상을 모았다. 금각사 같은 관광명소 외에도 잘 알려져 있지는 않지만 일본을 이해하는 데 도움이 될 만한 곳을 위주로 골랐다. 2부는 마치슈(町衆 · 중세 이후 교토의 상공업자 시민)의 숨결을 느낄 수 있는 교토의 역사와 문화 현장을 필자 나름의 관점을 담아 소개했다. 4부와 5부는 고대 신화시대부터 조선시대까지 교토 속의 한국을 찾아나선 필자의 답사기를 모았다. 교토의 문화유산과 유적에 드리워 있는 도래인과 한국 문화의 자취를 곳곳에서 만날 수 있다. 중간의 3부는 잠시 쉬며 독서의 호흡을 조절하는 페이지 삼아, 교토 여행의 팁이 될만한 아름다운 정원 정보를 화보 형태로 꾸몄다. 책의 마무리 격인 에필로그는 교토의 윤동주 시비 앞에서 작별인사를 바치는 필자의 소회로 대신했다.

---

4 앞의 책.

문필가로서 원고료 수입이 글을 쓰는 현실적인 동기이지만, '교토 인문 기행'을 제재로 택한 것은 이국 문화에 대한 본능적인 호기심과 더불어 교토가 한국인이라면 그냥 지나칠 수 없는 "또 하나의 한국 역사"라고 생각했기 때문이다.

한국과 일본은 고대로 인종, 언어, 문화에서 가장 동질성이 높은 나라이면서도 근세 이후 침략과 지배의 역사로 인해 상호 불신과 혐오를 키운 사이가 되었다. 그러나 싫다고 이사 갈 수 없는, 숙명적인 이웃으로 살면서 보다 나은 미래를 가꾸어가려고 한다면 과거에 얽매인 맹목적인 불신과 혐오는 아무런 도움이 되지 않는다. 모쪼록 이 책이 한·일 두 나라 사람들이 벽을 허물고 조금 더 가까이 다가서는 데 보탬이 되기를 바라는 마음이다.

답사를 하는 동안 많은 책의 길안내를 받았다. 그 가운데 다음의 책을 대표로 언급하고 싶다. 1962년 출간해 2021년 60쇄를 찍은 하야시야 다쓰사부로林屋辰三郎의 『京都(교토)』(이와나미신쇼), 총련계 동포분들로 보이는 '도래인유적연구회' 회원들이 쓰고 엮은 『京都のなかの朝鮮(교토 속의 조선)』(박종명 편저, 아카시쇼텐, 1999), 서울시립대 정재정 교수의 『교토에서 본 한일통사』(효형출판, 2007). 필자의 교토 답사의 방향과 균형을 잡아주는 향도 역할을 해주었다. 책이 나오기까지 여러 분들의 도움이 있었다. 일본유학의 길을 터준 조양욱曺良旭(전 국민일보 도쿄특파원), 히라이 히사시平井久志(전 교도통신 서울특파원) 두 한·일 언론계 선배와 비

전공 외국인을 기꺼이 받아주신 리쓰메이칸대학 스기하시 다카오杉橋隆夫 교수님께 이 자리를 빌어 깊은 감사를 드린다. 우석대 동아시아평화연구소장 서승 교수님을 비롯, 한승동 전 한겨레 도쿄특파원, 교토 도시샤同志社대학의 오인제 선생, 오사카 세쓰난攝南 대학의 모리森類臣 선생은 교토 정착에 큰 도움을 주셨다. 한겨레신문 연재를 허락해 준 당시 백기철 편집인과 김보근《서울&》편집장의 후의도 잊을 수 없다. 이런 분들이 없었다면 글을 쓸 여력을 얻지 못했을 것이다. 결코 상업적이지 않은 글을 선뜻 맡아주신 파람북 출판사 분들께도 고마운 마음을 전한다.

책 제목『교토, 길 위에 저 시간 속에』의 길과 시간은 문명과 역사를 상징한다. 인간의 삶과 그 삶들을 거듭해 온 세대의 의미도 있다. 필자가 이 '교토 인문 기행'을 처음 신문에 연재할 때 다짐한 목표가 있다. "들어갈 때는 한국인이지만 나올 때는 세계인의 관점을 얻자". 그런 다짐이 얼마나 타당한지, 얼마나 이루었는지의 판단은 독자가 내릴 것이다. 한국인의 시각에서 '세계 속의 한국인'을 위해 쓴 이 책이 일본을 여행하는 분, 한·일 역사에 관심있는 분, 동아시아의 평화와 번영을 바라는 모든 분들에게 작은 '영감'이라도 줄 수 있다면 글쓴이로서는 큰 보람일 것이다. 끝으로, 책 속에 오류와 오해가 있다면 전적으로 필자의 짧은 식견과 부주의 탓이다. 기회가 닿는 대로 바로잡을 것을 약속드린다.

차례

3 교토명정순례

교토 산책길에서 빠지면 섭섭할, 이름난 교토의 정원 12선

4 인연의 실타래를 되감으면서

신화에서 역사로, 교토의 문을 연 도래인의 발자취 8선

1 정지된 공간을 가로지르다

교토에서 꼭 마주해야 할, 일본적 아름다움의 정수 10선

1. 철학의 길 哲学の道

떠들썩함 사이 반짝이는 고요함

교토의 벚꽃은 3월 말부터 4월 초순이 절정이다. 일본인들도 교토만큼 벚꽃이 잘 어울리는 도시가 없다고들 한다. 그런 교토에서 봄 이야기는 어디서 시작하는 게 좋을까.

기행기를 묶어 책을 펴내면서도 비슷한 고민을 했다. 역사와 문화가 켜켜이 쌓인, 그 자체로 하나의 '인문학'인 교토. 그 천년의 시공간을 거니는 인문 기행을 어디부터 안내하면 좋을까. 필자의 선택은 바로 이곳이다.

교토 동쪽 히가시야마東山 산기슭 아래 '데쓰가쿠노미치哲学の道'(철학의 길)라고 불리는 산책로가 있다. 길 북쪽 끝에는 세계문화유산인 긴가

철학의 길의 긴가쿠지 방면 시작점

쿠지 銀閣寺(은각사)가 있고, 남쪽에는 가을 단풍이 절경인 에이칸도 永観堂와 난젠지 南禅寺가 있다. 길 중간중간에도 호넨인 法然院 등 고찰이 점점이 흩어져 있다. 이 명승지군을 하나로 꿰는 실이 '철학의 길'이다. 가족이나 친구와 함께 걷기도 좋지만, 더욱 좋기는 나 홀로 걷는 것이다. 시선이 끌리는 대로, 발길 가는 대로 걷다가 무심코 어느 사찰에 들어서면, 다른 시간 차원으로 열린 문을 통과하는 타임슬립의 순간을 경험하게 된다.

철학의 길은 폭 3m 정도의 수로를 따라 약 1.8km 이어지는 소로다. 1972년 산책로로 조성됐고, 1986년 일본 건설성이 선정한 '일본의 길

ⓒKimonBerlin

ⓒ京都新観光提言懇談会メンバー

ⓒKimonBerlin

ⓒMoja

철학의 길의 사계

100선'에 뽑혔다. 교토 부흥의 신호탄이 된 인공수로 '비와코소스이琵琶湖疏水'가 1912년 완성되면서 생긴 지류를 따라 1921년 인근에 살던 화가 하시모토 간세쓰橋本関雪(1883~1945. 간세쓰의 집도 현재 기념미술관이 되어 있으며, 아름다운 정원으로 유명하다)의 부인이 요시노벚나무 300그루를 기증해 심은 것이 길의 시초다. 한때 도시화에 따른 환경오염에 시달렸으나, 1960년대 주민들의 열화 같은 환경보호운동에 교토시가 호응한 결과 지금과 같은 멋진 길이 탄생했다. 이후 산책로의 명성에 주변 관광 이점이 보태지면서 볼거리 많은 교토에서도 '가볼 만한 곳 베스트 10'에 잘 빠지지 않는 "국제적인" 명소가 됐다.

고요하고 사색적인 분위기의 길답게 사계절 언제나 걷기에 좋은데, 특히 봄에는 만개한 벚꽃이 수많은 관광객을 불러모은다. '매혹적'이라는 표현을 딱 알맞게 써야 할 때가 있다면, 머리 위로는 꽃비가 날리고 발 아래로는 흐르는 물을 따라 꽃잎이 하나이카다花筏(꽃잎뗏목)가 되어 떠내려가는 광경이 아닐까. 이 매혹적인 광경을 기다리는 이에겐 긴 겨울이 끝나고 벚꽃이 피기 전 막간 같은 3월은 더디기만 하다.

하지만 진정으로 이 길을 좋아하는 사람에게는 계절이 따로 없다. 벚꽃철에는 먼 길을 오느라 수고한 상춘객에게 너그럽게 자리를 내어주고 '겐지보타루ゲンジボタル'(수로에 서식하는 교토 반딧불이. 천연기념물)가 반짝이는 여름밤을 기다릴 것이다. 고엽이 깔린 늦가을의 오후나 인적 드

문 겨울 아침의 작은 사찰을 좋아한다면 당신은 철학의 길에 가장 잘 어울리는 사색가이다.

철학의 길이라는 이름은 일본 근대철학계의 거두 니시다 기타로西田幾多郎(1870~1945)가 명상하며 이 길을 걸은 데서 유래했다. 독일 하이델베르크에 '철학자의 길'이 있다면, 일본 교토엔 '철학의 길'이 있다는 식인데, 관광산업 측면에서는 신의 한 수 같은 작명이다. 사실 물이 흐르고 꽃이 피는 길이 어디 이 길뿐이랴. 주변에 긴가쿠지(은각사) 같은 문화유적과 에이칸도 같은 아름다운 절이 없고, 철학의 길이라는 왠지 있어 보이는 '네이밍'이 없었다면 그저 괜찮은 여러 산책로 중 하나였을 것이다.

철학의 길 중간쯤에 니시다가 만년(69살)에 썼다는 하이쿠(일본 단시) 한 수가 새겨진 둥근 돌을 만난다.

"그들은 그들이고, 나는 나다. 나는 나의 길을 갈 뿐이다."

니시다는 불교의 선禪을 바탕으로 독자적인 일본 철학을 수립한 것으로 유명하다. 후학들은 비문에 "선생의 가르침이 철학의 길을 산책하는 사람들에게 애창되기를" 바라지만, 시구만을 보면, 왠지 모르게 고집 센 노철학자의 '절대고독'이 먼저 느껴진다.

호넨인의 산문과 백사단

니시다 선생 기념비에서 긴가쿠지 방향으로 세심교라는 다리가 있다. 이 다리를 건너가면 호넨인法然院 절이 나온다. 일본 중세기에 민중의 사랑을 듬뿍 받았던 정토종 승려 호넨法然이 수행하던 초암에서 유래한 조그만 절인데 묘지를 운영하고 있다. 주변에 유명 사찰이 많지만 필자는 이 호넨인을 좋아한다. 철학의 길에 가장 잘 어울리는 사원이다. 동백나무숲에 둘러싸여 어둠침침한 경내 마당의 푸른 이끼 위로 드문드문 햇살이 비쳐드는 사원과 묘지의 적요는 잠시 '도道의 나그네'가 된 듯한 기분에 휩싸이게 만든다. 절에 들어서면 이끼 지붕을 얹은 산문과 산문 안 양쪽에 흰 모래를 쌓아 물을 표현한 백사단이 찾아오는 이를 맞이한다. 산문에서 백사단 사이를 지나 절로 들어가는 구조는 수행자에게 정화의 장소에 왔음을 알리는 묵언 같다.

호넨인의 묘지에는 가와카미 하지메河上肇, 구키 슈조九鬼周造, 나이토 고난內藤湖南 등 근대 일본의 지성이 여럿 묻혀 있는데 그중에 문호 다니자키 준이치로谷崎潤一郎(1886~1965)가 있다. 그는 만년에 쓴 소설『미친 노인의 일기瘋癲老人日記』의 모델이었던 조카며느리 집(그녀는 2003년까지 현재의 애견카페 자리에서 찻집을 운영했다고 한다)에서 생의 마지막을 보내려 했을 정도로 이곳을 사랑했다. 철학의 길을 걷다가 잠시 호넨인의 동백숲으로 들어가 다니자키의 무덤을 한번 찾아보는 것도 여행의 재미일 것이다. 다니자키의 묘비명은 직접 쓴 한 글자다.

'寂'(사비さび · 고요하다).

철학의 길 남쪽 끝에서 약간 더 가면 아름다운 절 에이칸도永觀堂가 있다. 에이칸도는 두 가지가 유명하다. 하나는 뒤돌아보는 모습의 아미타여래를 새긴 목조각상 '미카에리아미다'. 본명이 젠린지禪林寺인 이 절의 7대 주지 에이칸永觀이 1082년 어느 날 새벽 염불을 하며 걷는데 아

다니자키의 묘비. '고요할 적'(일본어로는 '사비') 한 글자가 적혀 있다.

미타여래가 현신해 앞장서 걷기 시작했다. 놀란 에이칸이 걸음을 멈추자, 아미타여래가 돌아보며 '에이칸, 늦는구나'라고 말했다는 것이다. 이 '기적'으로 에이칸은 이 절의 중흥조가 됐고, 절의 통칭도 그의 이름으로 불리게 됐다고 한다.

두 번째로 유명한 것이 단풍이다. 교토 사람들은 누구나 "가을 단풍은 에이칸도"라고 말한다는데, 과연 단풍나무가 경내에만 3천 그루가 넘는다고 하니 그저 고개를 끄덕여 줄밖에. 단풍철에는 절이 온통 진홍으로 물든다.

가료로 회랑에서 본 에이칸도의 가을. 에이칸도는 교토에서 단풍이 아름답기로 첫손에 꼽힌다.

불당들은 산기슭에 붙은 듯 지어져 있다. 경사면을 타고 오르는 '가료로臥龍廊'라는 회랑을 돌아 오르면 감탄이 절로 나온다. 불당 앞쪽에는 연못이 있는데, 여기서 바라보는 히가시야마 원경은 한 폭의 산수화. 그 원경의 중심을 이루는 다보탑에 올라서면 교토 시내가 한눈에 들어온다.

벚꽃이 피는 봄에는 긴가쿠지에서, 단풍철에는 에이칸도에서 철학의 길을 시작하는 것이 좋을 것 같다.

천년고도 교토에서 현대의 산책로가 도시를 대표할 수는 없다. 그러나 교토라는 도시를 인문적인 관점에서 여행할 때, 철학의 길은 '교토 인문학'으로 들어가는 '문'이다.

뒤에서 이야기하겠지만, 철학의 길은 근대 교토 부흥의 신호탄이 된 인공수로(비와코소스이)를 따라 생겼다. 환경오염으로 몸살을 앓던 고도성장기에는 시민들의 노력으로 자연이 숨쉬는 산책로로 재탄생했고, 관광산업의 옷을 입으며 지금같은 '철학의 길'이 만들어졌다. 우연인지, 필연인지는 모르겠지만 그 길 양쪽에 고대부터 근세까지의 일본 전통문화와 미의식을 간직한 사원들이 마주하고 있고, 길 안에는 일본의 문학가, 사상가, 철학자들이 잠들어 있다.

철학의 길에는 이처럼 교토라는 천년고도가 낳고 일궈온 역사와 문화, 그리고 사람이 있다. 교토에서 철학의 길을 거닌다는 것은, 어쩌면 일본이라는 나라의 내면을 산책하는 것인지도 모른다. ◇

철학의 길	교토시 사쿄구	
호넨인	교토시 사쿄구 시시가타니 고소노단초 30	www.honen-in.jp
에이칸도	교토시 사쿄구 에이칸도초 48	www.eikando.or.jp

2. 가쓰라리큐 桂離宮

교토의 딱 한 곳에서만 멈춘다면

만약 여러분이 교토에서 딱 한 곳, 자유롭게 출입할 수 있는 티켓을 가진다면 나는 가쓰라리큐桂離宮 별장을 추천하고 싶다. 17세기 일본 황실 이궁離宮인 가쓰라리큐는 '정원의 나라' 일본에서도 첫손에 꼽는 정원이다. 자연을 소재로 한 종합예술품이라고 해도 지나치지 않을 이 별장은 사전예약을 해야 관람할 수 있다. 당일 접수(여권 필수)도 가능하지만, 많은 시간을 들이고 헛걸음할 위험은 감수해야 한다.

가쓰라리큐는 덴노(일본 천황)가 될 수도 있었던 최고위 황족(도시히토 친왕)이 1615년 짓기 시작해 아들(도시타다 친왕) 대인 1660년대에 현재와 같은 규모가 갖춰졌다고 한다. 가쓰라리큐의 영향을 받아 1659년 완성된 또 하나의 황실 별장인 슈가쿠인리큐와 함께 오늘날 일본 가정집에서도 흔히 볼 수 있는, 일본적 미의식과 생활문화가 결합한 '일본식 정원'의 전형을 창조했다.

가쓰라리큐는 출입이 제한적인 황실 소유물인 탓에 19세기 말까지는 일반에 잘 알려져 있지 않았으나, 1933년 독일 건축가 브루노 타우트(1880~1938)에 의해 유럽에 소개된 뒤 세계적으로 유명해졌다. '타자의 눈'을 빌어 일본 정원의 '권위'를 높이는 데 성공한 일본 미술계는 조상들이 만들어온 정원의 역사와 작정법作庭法(정원 만드는 법)을 근대 예술의 관점에서 정밀하게 분석하고 연구해, 오늘날 세계인의 찬사를 받는 일본 정원의 미학과 감상법을 '재창조'해냈다.

가쓰라리큐는 교토 서남쪽 가쓰라가와 강변에 있다. 2만여 평 대지에 네 동의 어전御殿·서원 건물과 커다란 연못, 못 둘레를 따라 점점이 세운 다실 등으로 구성된 지천회유식池泉回遊式 정원이다. 지천회유식 정원은 연못을 중심으로 거닐며 자연을 완상玩賞(즐거이 구경)하고 심회心懷(마음에 품은 느낌)를 나누는 정원 형태이다. 9세기 중국 당나라 시인 백거이가 발상한 정원 양식이 근세 일본에서 꽃을 피웠다. 가쓰라리큐는 이 일본 지천회유식 정원의 결정판이다. 그러면 관람을 시작해 보기로 하자.

먼저 건물군은 신고텐新御殿, 주쇼인中書院을 비롯한 네 동의 건물이

마치 기러기 떼가 날아가는 듯한 형태로 배치돼 있다. 마당에 서서 달의 이동을 따라 천천히 뒷걸음질 치며 달에 몰입해 있는 사람의 모습을 상상해 보라. 달구경을 무척 좋아했다는 지은이답게 정원 전체가 바라다 보이는 고쇼인古書院의 연못 쪽으로는 수면에 흐르는 달빛을 보며 술잔도 기울일 수 있도록 넓은 마루를 내놓고 쓰키미다이月見台라는 이름을 붙여놓았다. 건물 내부 장식으로는 칸이 서로 엇갈린 형태의 선반인 '가쓰라다나桂棚'가 유명하다. 슈가쿠인리큐의 가스미다나霞棚, 산보인三宝院 절의 다이고다나醍醐棚와 더불어 일본인이 '천하 3대 선반'이라고 과장스레 자랑하는 명품이다.

회유식 정원의 중심은 연못이다. 어떤 연못인가가 정원의 이미지를 결정한다. 가쓰라리큐의 연못은 바다이다. 연못의 들쑥날쑥한 정선汀線(육지가 호수면 또는 연못가와 맞닿는 선) 한편에 각종 자연석과 석물을 배합해 모래톱과 등대, 신선도 같은 실경과 상상이 넘나드는 해변을 묘사해 놓고 있다.

5개의 연못 속 섬들은 각각 흙과 널빤지, 돌로 만든 다리로 이어져 있다. 배를 타고 달빛 속을 항해하고 여러 형식의 다실에 이르러 정원 속에 들여놓은 대자연과 하나가 된다는 발상이다. 교토 북부 해안의 명승지 아마노하시다테天橋立(일본 교토부 미야즈시 몬주에 있는 국정공원)를 옮겨다 놓은 것이라는데, 말 그대로 절경을 그린 한 폭의 동양화이다. 그 동양화를 감상하는 5개의 '시점視點'이 있다.

정면에서 본 쇼킨테이. 마당 앞 연못은 일본 최고의 명승지 아마노하시다테를 묘사하고 있다.

일본의 문학평론가 가토 슈이치(1919~2008)는 국어교과서에도 실린 「일본의 정庭」이란 멋들어진 수필에서 "가쓰라리큐라는 우주에는 5개의 중심이 있다"고 썼다. 신고텐新御殿의 잔디 마당, 겟파로月波楼의 바

다, 쇼카테이賞花亭의 숲과 고개, 쇼이켄笑意軒의 초가, 그리고 쇼킨테이松琴亭의 산수화.

어전군에서 볼 때 연못 건너편에 서 있는 쇼킨테이는 가쓰라리큐 '시

정원 초입의 소나무. 무대의 커튼처럼 내부 경관을 가려놓는다.

점'의 하이라이트다. 이 정자에 서면 어전군 지붕 위로, 만월 속으로 기러기가 날아가는 상상에 빠질 것 같고, 고개를 돌리면 문득 해변의 파도 소리를 들었다고 우길 것만 같다. 팔작지붕의 합각 안에 '松琴'(소나무가 내는 바람소리)이란 당호를 감춘 듯이 걸어놓은 쇼킨테이는 동, 북, 서 3방향에 따라 모습을 바꾸며 손님을 맞이한다. 정자 안의 청백색 이치마쓰모요 市松模樣(바둑무늬 또는 체크무늬) 장벽은 가쓰라다나와 더불어 이른바 가쓰라리큐의 '모던'을 대표한다.

쇼킨테이에서 바라본 연못 풍경. 연못을 거니는 동안 정원 풍경이 마치 감춰놓은 듯 시야에 나타난다.

쇼킨테이가 정자에서 달을 본다면, 어전군 앞의 겟파로는 배 안에서 파도를 타며 달구경을 하는 콘셉트이다. 입구엔 만경창파의 배 그림을 빛바랜 채 그대로 걸어놓았고, 누각의 지붕은 배의 밑바닥처럼 대나무로 엮었다. '月歌'(달의 노래)라는 낭만 가득한 글씨가 걸린 '선실' 창에 기대어 연못을 바라보면, 어두운 바다를 건너 피안을 찾아가는 구도求道의 시인이 된 듯한 착각에 빠질 것도 같다.

쇼이켄과 쇼카테이도 각각의 독자적인 아름다움과 의장意匠을 갖추

선실 같은 다실 겟파로. 출렁거리는 파도를 타고 달빛 속을 건넌다는 콘셉트

고 있다. 시골농가처럼 지은 쇼이켄(웃음의 의미가 담긴 집)에는 6개의 각기 다른 둥근 창문 안에 세상과 절연한 소이부답笑而不答(미소만 지을 뿐 대답하지 않는)의 왕자가 살고, 정원의 가장 높은 곳에 있는 쇼카테이(꽃을 감상하는 정자)에는 깊은 숲속에서 문득 나와 다시 고개 너머로 사라지는 나그네의 심상이 있다.

다시 정원 구경의 처음으로 돌아가보면, 가쓰라리큐의 응접실 격인 소토코시카케外腰掛 초막은 연극의 커튼이 열리기 직전의 시간 같은 공간이었다. 이 휴게소에서 관람 준비를 마치고 나면 본격적인 정원 산책이 시

연못가에 억새풀로 지붕을 얹어 지은 시골 농가 풍의 다실 쇼이켄

자연석과 인공석을 절묘하게 배합해 만든 소토코시카케 앞의 노베단 돌판길

작되는데, 정원으로 들어서는 길에는 자연석과 인공석이 절묘하게 배합된 노베단延段 돌판길이 깔렸고, 길 끝에는 이정표처럼 석등을 세워놓았다. 이 돌판길은 그 독특한 양식으로 인해 이 정원이 동양적 전통과 당

시 일본에 소개된 '서양식'의 조화를 추구함을 암시하기 위한 복선처럼 여겨지기도 한다.

정원은 소토코시카케 초막을 나서기 전까지는 전체적인 풍경을 짐작하지 못한다. 정원길을 따라 걸으면서 새로운 풍경을 하나씩 만나도록 철저하게 '계획'되어 있다. 연못이 돌연 시야에서 사라지거나 혹은 불쑥 눈앞에 펼쳐진다. 어느새 높이 올라와 내려다보고 있거나, 물가에 서서 다실을 바라보는 등 그 변화무쌍함에 놀라게 된다. 처음 정원에 들어설 때 무심코 지나쳤던 소나무 한 그루도 계산된 '쓰이다테衝立'(가림막)의 하나였다. 소나무는 입구 안쪽 길을 막듯이 서 있는데, 정원 구경을 마치고 나올 때서야 비로소 그 소나무가 무대의 커튼이었음을 깨닫게 된다.

가쓰라리큐의 '작정자作庭者' 도시히토 친왕과 그 아들 도시타다 친왕은 당시 궁정문화를 선도하는 리더로서 대단한 교양과 미의식을 갖춘 인물들이었다고 하는데, 정치에 대한 좌절, 아니면 미련을 끊기 위해서인지 부자가 대를 이어 이 가쓰라리큐 정원 조성에 몰두했다(유명한 다이묘 출신 작정가 고보리 엔슈小堀遠州가 정원 조경에 직접 관여했다는 설이 있었으나 현재는 거의 부정된다. 그러나 건축과 정원 곳곳에서 엔슈의 기법이 발견됨에 따라, 가쓰라리큐는 엔슈의 영향에 친왕 부자의 예술적 감각이 더해진 결과물로 평가되고 있다). 비슷한 시기에 지어진 니조성(도쿠가와 막부 정청. 세계문화유산)

이 권력자의 화려장대한 건축물의 절정을 보여준다면, 가쓰라리큐는 그런 권력을 냉소하듯이 오히려 스키야數寄屋(다용도 초가 다실)풍의 소박한 실용성에 경물의 기려함을 무심한 듯이 조화시키고 있다. 탈권위적이면서 문화적 세련미를 극도로 끌어올린 이 정원 양식은 당시 권력의 중심을 이루던 상층 무사계급과 마치슈町衆(교토 시내에 사는 부유한 상공업자) 계층에도 파급돼 각 계급이 추구하는 자신들의 미적 감각을 더하게 됐고, 점차 일반대중의 일상생활 속으로 들어가 보통사람의 '일본식 정원'을 탄생시켰다. 일본 쇼가쿠칸小學館 발행의 『일본미술전집』이 가쓰라리큐에 내린 총평은 "근대 일본 정원의 정형이 만들어지는 출발점이자, 일본 정원이 구현하고자 하는 정원미의 귀착점"으로 요약된다. 가쓰라리큐는 창건 이래 오랜 세월 동안 한 번도 화재 피해를 입지 않아 창건 당시 모습을 거의 완전하게 오늘에 전하고 있다고 한다. ◇

가쓰라리큐 교토시 니시쿄구 가쓰라미소노

sankan.kunaicho.go.jp/guide/katsura.html

3. 료안지와 다이토쿠지의 가레산스이

龍安寺と大徳寺の枯山水

현실보다 더 일본적인 세계 속에서

일본의 정원은 크게 세 종류가 있다. 연못 중심의 지천회유식정원과 다정茶庭(다실에 딸린 뜰露地), 그리고 지금 구경해볼 가레산스이枯山水정원이다. 가레산스이는 13~14세기 선종사찰의 작은 뜰에서 성립하기 시작한 정원이다. '물을 사용하지 않고 돌과 모래의 조합으로 산수의 풍경을 상징적으로 표현한 정원'으로 정의된다. 물론 돌과 모래뿐 아니라 이끼, 식물 등의 소재를 곁들이는 다양한 변주도 나중에 생겨났다.

산에서 도시로 들어온 선종사원은 넓은 부지를 구하기 힘들고 연못물을 끌어오기도 쉽지 않자 규모를 축소하는 대신 표현을 추상화, 상징화한다. 선승들은 큰 연못을 만들지 않는 대신 "돈과 허세가 덜 드는" 돌과 모래와 자갈, 혹은 이끼만으로 바다와 산, 나아가 종교적 내세까지도

다이토쿠지 다이센인 가레산스이는 산수화를 정원에 끌어들인 대표적인 작품이다.

표현해내게 됐다. 가장 '일본적'이라고 일컬어지는 정원 형식이 탄생한 것이다. 교토의 료안지龍安寺(세계문화유산), 다이토쿠지大德寺 탑두塔頭(본사 경내의 작은 절) 다이센인大仙院, 그리고 사이호지西芳寺(세계문화유산)의 정원이 일본의 대표적인 가레산스이정원으로 꼽힌다.

료안지의 석정石庭을 처음 본 사람은 대개 일종의 문화충격 상태에 빠진다. "이건 뭐지?" 정원이라고 하지만 낮은 토담으로 둘러친 공간 안에는 돌과 모래뿐이다. 사람이 들어갈 수도 없다. 석정은 방장(선종사찰에서 주지 스님이 기거하고 손님을 맞이하는 공간) 마루 앞의 동서 25m, 남북 10m의 직사각형 마당이다. 그 안에 물결무늬로 물을 표현한 모래를 깔고 15개의 돌을 5군데에 나눠 배치해놓고 있다. 한 곳에 2개 이상의 돌이 이끼에 둘러싸여 있거나, 모래에 반쯤 파묻혀 있는데, 보는 사람에 따라 14개만 보이고 한 개가 없는 듯하다. 이 외는 아무것도 없다. 얕은 흙담 너머로 나무와 빈 하늘이 차경을 이루고 있을 뿐이다.

예부터 이 돌의 배치가 무엇을 말하고자 하는지 설이 분분했다고 한다. 안내문에도 "보는 사람의 입장, 사상, 종교에 따라 여러 가지로 해석된다"는 설명 아닌 설명을 하고 있다. 절에서는 그러는 한편 "'도라노코와타시'(호랑이 새끼 건네기)는 교토 료안지 석정의 다른 이름이다"라는 한 권위 있는 사전(이와나미쇼텐의 『고지엔』)의 설명에 근거해, 호랑이가 새끼들을 데리고 강을 건널 때 반드시 혼자 건너지 않는 습성에 대한 이야기를 나란히 게시해 놓고 있다.

> "호랑이가 새끼 세 마리를 낳으면 그중 한 마리는 반드시 무늬가 아름다운 표彪가 있다. 이놈은 사납고 사악하여 다른 새끼를 능히 잡아먹는다. 옛말에 사냥꾼이 말하기를, 그래서 어미 호랑이는 새끼들과 강을 건널 때 맨 먼저 표를

데리고 건너간 다음, 다시 돌아와 새끼 한 마리를 데리고 건넌다. 그리고 다시 표를 데리고 돌아와 표를 남겨놓고 남은 한 마리를 데리고 강을 건넌다. 그리고 마지막에 다시 돌아와 표를 데리고 강을 건넌다…".

사전에는 '어려운 살림살이를 간신히 돌려막는 것을 의미한다'는 다른 풀이도 있으니 더욱 알쏭달쏭하다. 뭔가 고달픈 인생살이를 풍자한 것 같은 이 우화가 과연 이 석정이 "무지한" 중생들에게 던지는 심오한 화두일까?

아무튼 가레산스이는 가장 일본적인 것으로 일컬어지지만, 정작 일본인도 "의미를 알기 어려운" 공간이다. 그래서 가레산스이 구경을 갈 때는 사전 지식이 필요 없다고들 한다. 몰라도 아무 문제가 없고 알아도 오히려 자기만의 감상에 방해될 뿐이란 이유에서다.

가레산스이의 또 다른 특징은 엄격한 공간 구분이다. 가쓰라리큐 같은 연못을 중심으로 한 회유식 정원은 자연과 정원의 경계가 없고, 사람이 그 안에 들어가서 정원을 감상하고 자연의 일부가 된다. 그러나 가레산스이는 미술관의 그림처럼 '액자' 속에 있다. 루브르박물관의 모나리자이다. 특히 석정은 3면이 벽이어서 오로지 방장 마루가 있는 정면에서만 볼 수 있다는 점에서 무대와도 같다. 사람은 객석의 관객일 뿐이고, 그 밖의 것은 일체 불필요하다. 료안지의 석정은 그래서 꽃이나 단풍의

'물이 없는 정원' 가레산스이의 대표작으로 꼽히는 료안지의 석정

아름다움조차 감상의 방해물이다. 마른 나뭇가지 사이로 회색빛 하늘이 드문드문 보이는 겨울 오후나, 나뭇가지에 연두색 새싹이 살짝 올라오기 시작하는 이른 봄의 저녁 무렵이 석정을 바라보기 가장 좋은 계절[1]이란 것도 그런 이유다.

---

1 가토 슈이치, 「일본의 정庭」

문화사 연구자들은 가레산스이정원을 두고 중국 선불교의 전래라는 종교적 영향과 중세 귀족·사무라이간의 계급갈등 등 경제·사회적 요인이 복합적으로 작용해 생겨난 것으로 분석하는데, 여기에서 하나 더 꼽는 것이 중국 산수화의 유행이라는 당대의 문화적 사조다.

료안지의 석정이 선의 세계를 담은 가레산스이라면, 다이토쿠지大德寺 탑두 다이센인大仙院 가레산스이는 중국 북종화의 영향을 받은 회화적 가레산스이의 전형을 보여준다. 피안을 찾아가는 불교적 세계관을 마치 두루마리그림처럼 펼쳐 보인다. 귀족과 신흥무사권력이 막대한 재력을 동원해 연못을 파고 수목이 우거진 대형 회유식정원을 만들 때, 일종의 '지성권력'인 선종 승려들은 사원 안에 "부족한 재원을 변통한" 돌과 모래만으로 종교화를 그려내는데 성공한 것이다.

그러나 한번 더 생각해 보면, 이 돈 안 든 것 같은 절묘한 '가라산스이空山水'(산과 물이지만 산과 물은 없음) 역시 표현하고자 하는 주제에 맞춤한 석재를 구해다가 '조합'하는 일은 아무리 생각해도 정말 어려웠을 것 같다. 뭔가 수월秀越한 것을 추구하면 할수록 들어가는 공력도 호화로운 정원 못지않게 커지지 않았을까….

그래서 이번에는 거대한 석재 대신 가장 미물이라고 할 수 있는 이끼에서 소재를 구한 정원이 시도됐다. 이른바 이끼정원苔庭이다. 하찮은 이끼의 '푸르름' 속에서 "더 높은" 차원의 종교적 가치를 주장하는 방법을

사이호지의 이끼정원

찾아낸 셈이다. 숲의 그늘 속에서 바위와 나뭇등걸을 덮고 있는 이끼 위로 한줄기 햇빛이 비쳐드는 광경은 그런 선승의 어쩌면 "세속적이기까지 한" 종교적 욕망을 상상해 보게 된다.

교토 서쪽 교외에 자리잡은 고찰 사이호지西芳寺는 통칭 '고케데라苔寺'(이끼의 절)라고 불릴 만큼 이끼의 정원으로 유명하다. 120종류가 넘는 이끼가 정원의 마당을 푸르게 물들인 모습은 압권이다. 8세기에 창건되고 14세기에 재건됐다는 고케데라는 본래 가레산스이정원이 유명해 '일본 가레산스이의 출발점'으로 여겨진다. 사이호지의 가레산스이와 이끼정원을 만든 승려 무소 소세키夢窓疎石(1275~1351)는 일본 정원의 아버지로 추앙받는다. 이웃한 덴류지天龍寺(세계문화유산)의 소겐치曹源池정원도 무소의 작품이고, 긴가쿠지(은각사)가 모델로 삼은 정원도 이 고케데라이다. 그만큼 절의 자부심이 높은 것인지 우편을 통한 사전예약제, 높은 입장료 등 관람하기가 여간 까다롭지 않다. 관광 일정상 고케데라를 '직관'하기 어려운 분에게는 대안으로 교토시 서북쪽 사가노의 기오지祇王寺를 추천한다. 덴류지가 있는 아라시야마에 들렀다면 시간을 내보기 바란다. 푸른 이끼가 주는 고요한 선경의 느낌만큼은 충분히 얻어올 수 있을 것이다.

가레산스이 정원 중에서도 특별히 교토의 것이 아름답다고 하는 데는 교토가 하늘과 산, 숲 등의 자연경관을 차경으로 끌어들이기 좋은 도시 조건을 갖고 있는 탓이지만, 절집 사정을 아는 사람들은 교토 절 특유의 '테이레手入れ'(손질)를 꼽기도 한다. 교토 사찰의 자부심이랄까 경쟁심 같은 것도 작용하겠지만, 전통적으로 교토의 선종사원에서는 고된 정원 손질도 수행의 한 방법이었다는 것이다. 아무리 비행장 활주로의 폭설을 치우는 사역이 고역이라고 해도, 사시사철 모래마당을 어떤 일관된 이미지로 유지 관리하는 일에 비하면 아무것도 아닐 것이다. 이끼는 또

교토 이끼정원의 명품 중 하나인 기오지. 이끼 정원을 돌보는 일은 선수행의 하나다.

어떤가. 이끼는 무려 1600여 종이 있다고 한다. 그냥 둬도 알아서 자랄 것 같지만, 각각의 자연성질에 따라 원하는 형태로 생명을 가꾸고 돌보는 일은 상상만 해도 진저리가 쳐진다. 애초 이런 정원의 창안자가 선종 수행승이란 사실을 생각하면 '테이레 설'은 충분히 수긍이 갈 만하다.

료안지의 석정이 세계적으로 유명해진 것은 일본계 미국인 건축가 이사무 노구치野口勇(1904~1988)의 공이 크다. 노구치는 선 사상을 바탕으로 한 건축으로 세계적 명성을 얻었는데, 그에게 영감을 준 것이 바로 이 가레산스이였다. 가레산스이는 특히 서양관광객의 인기 코스인 것 같다. 교토 여러 곳의 가레산스이정원에서 장시간 '멍때리기'를 하는 이방인들을 종종 볼 수 있다.

가레산스이 이야기는 아니지만, 다른 나라가 아니고 한국인이라면 료안지 가레산스이를 둘러보며 석정 앞 방장의 장벽화로 그려진 4칸짜리 금강산 수묵화를 눈에 담고 가지 않으면 안 된다. 오직 한국인만이 얻을 수 있는 시점視點일 수 있다. "천하에 다시 없는 산"이라며 18번이나 금강산을 올랐다는 사쓰키 가쿠오皐月鶴翁라는 교토 화가가 1957년 75살의 나이에 완성한 그림이다. "훌륭한 석정에 뒤지지 않는 그림을 그리려고 했다. 오랫동안 그려왔던 금강산을 이렇게 마무리할 수 있어 만족한다"는 그의 말이 당시 신문에 실려 있다. 자연이 낳은 절대기교의 금강산이 인간이 만든 절대고요의 가레산스이를 그윽하게 내려다보는 구도가 보는 이에게 뭔가 미묘한 화두를 던지는 듯하다. ◇

료안지	교토시 우쿄구 료안지 고료노시타초 13	www.ryoanji.jp
다이토쿠지	교토시 기타구 무라사키노 다이토쿠지초 53	daitokujidaijiin.com
사이호지(고케데라)	교토시 니시쿄구 마쓰오진가타니초 56	saihoji-kokedera.com

4. 슈가쿠인리큐 修学院離宮

거닐고 거닐어 대자연의 손바닥 안

교토시 사쿄구 데마치야나기역出町柳駅에서 히에이잔전철을 타고 북쪽으로 네 번째 정거장인 슈가쿠인역修学院駅에서 내려 오른쪽으로 걸어가면 1659년께 지어진 황실별장 슈가쿠인리큐修学院離宮에 다다른다. 일본 정원 역사를 이야기할 때 빼놓을 수 없는 명원이다.

슈가쿠인리큐는 가쓰라리큐와 더불어 에도시대 황실정원의 쌍벽을 이룬다. 가쓰라리큐가 고도의 심미안을 바탕으로 한 슈쿠케縮景(축경, 자연경관을 본떠 정원 안에 꾸민 풍경)로 인공미의 한 정점을 이뤘다면, 슈가쿠인리큐는 드넓은 공간에 주위 경관을 끌어넣은 샷케借景(차경, 주변 경치를 정원의 일부처럼 활용하는 일)의 수법으로 장대한 자연미를 연출한다. 어느 한쪽을 감상한 사람이라면 나머지 한쪽이 궁금하지 않을 수 없다.

슈가쿠인리큐 정원의 절경을 이루는 요쿠류치 연못. 연못 수면보다 약 13m 높은 다실에서 내려다보는 경관인데, 차경을 이루는 주변 자연과 더불어 장대한 자연미를 유감없이 보여준다.

슈가쿠인리큐는 가쓰라리큐의 약 8배에 해당하는 16만 5천 평의 광대한 부지에 세 개의 별궁이 적당한 간격을 두고 최고 40m의 고저차 속에 상중하로 배치돼 있다. 전체 정원의 입구에 해당하는 낮은 쪽부터 보통

시모下리큐, 나카中리큐, 가미上리큐로 구분해 부른다. 별궁 사이는 다락논밭[2]이고 그 사이로 각 별장을 연결하는 소나무 길을 조성했다. 두렁길 양쪽에 소나무를 심어 오가는 가마나 마차가 농민들에게 보이지 않도록 했다. 지금은 관광객들이 별장을 구경하며 정원 속의 차경을 감상하는 코스가 돼 있다.

슈가쿠인리큐는 교토 동북쪽 히에이잔산 아래 있는데, 교토 어소(황궁)를 중심으로 서남쪽의 가쓰라리큐와 정확하게 일직선을 이룬다. 앞에서 언급했듯이 둘은 이 대칭구도만큼이나 대조적인 미학을 갖고 있다. 슈가쿠인리큐가 30년 정도 먼저 지어진 가쓰라리큐를 의식하며 지어졌기 때문이다.

우선 입지부터 다르다. 가쓰라리큐가 달을 바라보기 좋게 강변의 평지에 기러기가 내려앉은 듯 자리하고 있다면, 슈가쿠인리큐는 달빛을 좇아 산기슭을 날듯이 경사면에 걸쳐 있다. 지표의 고저차를 교묘하게 이용해 주변 자연을 마치 조경한 듯이 정원 안에 끌어넣었다. 가장 아래쪽인 시모리큐를 지나면 돌연 산봉우리가 나타나고, 맨 꼭대기 가미리큐에 올라서면 멀리 교토 시내가 한눈에 내려다보인다. 전체 공간이 워낙 넓다 보니 각 건물과 딸림정원, 소나무 가마길, 뱃놀이도 가능한 큰 연못마저 인위적인 첨경물이라고 느껴지지 않을 만큼 자연 속에 녹아들

2 원래는 농민 땅이었으나 1964년 일본 정부가 세 별궁의 경관 유지를 위해 사들여 정원 부속농지로 삼았다.

어 있다. 가쓰라리큐에서는 인공이 자연과 대등하다면, 슈가쿠인리큐에서는 어떤 교묘한 인위도 "부처님 손바닥 안"이란 듯 대자연의 섭리를 벗어나지 못한다.

슈가쿠인리큐는 원래 가미리큐와 시모리큐 2동만이었고 중간의 나카리큐는 황녀가 지내던 비구니 사원(지금도 린큐지林丘寺[3]란 절이 있다)이었는데, 1884년 건물과 땅을 헌납하면서 정원의 일부가 됐다. 정원 구경은 가쓰라리큐처럼 단체관람으로 진행된다. 안내원을 따라 시모리큐에서 함께 출발해 나카리큐를 거쳐 가미리큐로 올라간 뒤 연못을 한 바퀴 돌아 다시 시모리큐로 돌아오는 경로이다.

시모리큐는 전체 정원의 현관과 응접실 격이다. 약 1300평의 넓은 대지였으나 건물은 1820년 재건된 주게쓰칸寿月観만 남아 있다. 안으로 들어서는 수로변에는 '조선식 석등' 등 개성적인 조형미를 뽐내는 석등이 줄지어 배치돼 있고, 세 칸짜리 오차야御茶屋에 이 별장을 지은 고미즈노오 덴노의 친필 편액이 걸려 있다. 방에 그려진 그림들은 모두 당대 저명한 화가들의 작품이다. 시모리큐 뒷문을 나오면 시야가 확 트이면서 정원 전체를 감싸 안은 히가시야마산 연봉連峯(이어진 산봉우리)이 보는 이를 놀라게 한다. 고미즈노오는 막부의 압력에 눌려 지내다 저항하

3 비공개여서 볼 수 없으나, '회원탑檜垣塔'이라는 아름다운 3층석탑이 경내에 있는데, 임진왜란 때 가토 기요마사가 반출해 온 것이라고 한다. 박종명 편, 『교토 속의 조선』, 아카시쇼텐, 1999.

듯 덴노 지위를 내던진 사람인데, 정원에 자신의 황토皇土를 들여놓은 듯한 이 차경 방식은 '그래도 덴노는 나다'라는 상처받은 제왕 의식을 신음하듯 표출하는 것 같다.

자연경관을 감상하며 소나무길을 걸어 오른쪽으로 가면 나카리큐가 나온다. 나카리큐는 왕후가 머무는 라쿠시켄楽只軒과 손님방인 갸쿠덴客殿으로 이뤄져 있다. 라쿠시켄은 건물을 지면에 가깝게 낮춰 마루-섬돌-앞뜰이 자연스럽게 이어지는데, 나이 든 주인 여성의 동선을 염두에 둔 설계라고 한다. 다다미방에는 산벚나무와 강변의 단풍이 그려져 있는데 모두 가노 단신이라는 화가의 작품이다. 가노狩野파는 400년간 일본 화단을 주름잡은 어용화사(황실의 전속 화원)의 대표주자이다.

갸쿠덴은 슈가쿠인리큐에서 실내 의장意匠으로는 가장 돋보이는 건축물이다. 세 칸의 두 번째 방에는 일본의 3대 선반 중 하나라는 가스미다나霞棚가 있다. 각종 화려한 무늬와 그림, 장식품은 주인 여성의 섬세한 미적 감각을 느끼게 한다. 금구장식에 새겨진 접시꽃 문양은 주인이 도쿠가와 막부에서 황실로 시집온 딸임을 과시하는 후광 같은 것이다. 삼나무 벽장문에 그려진 야마보코山鉾(교토 마치슈의 여름축제인 기온마쓰리에 등장하는 가마) 그림은, 어느덧 황실에까지 발길이 미친 교토 마치슈들의 '신분 상승'을 과시하는 듯하다.

손님들이 머물던 갸쿠덴의 내부 모습. 다다미방의 벽과 장지문에는 유명 화가들의 그림으로 가득하다.

슈가쿠인리큐의 정상에 자리잡은 가미리큐는 이 정원의 절정이다. 급경사의 돌계단을 오르면 시야 아래로 감춰놓은 듯 커다란 연못이 짠 하고 나타난다. 정원 꼭대기에 세운 린운테이隣雲亭 다실에서 내려다보는 연못은 용이 헤엄치는 모습이라고 해서 요쿠류치浴龍池라는 이름이 붙어 있다. 용머리 섬과 해안을 묘사한 정선汀線, 수십 종의 꽃과 나무 숲 위로 한가로이 노니는 학, 그 뒤로 펼쳐지는 장대한 산줄기와 푸른 하늘의 떠가는 구름, 그 한편에 꼽사리 낀 듯이 자리한 인간의 도시…. "맙소사, 세상 경치가 여기에 다 모여 있구나!"라는 찬탄과 함께 그만 말을 잃고 만다.

시각만이 아니다. 세 방향의 정자 문을 모두 열면 시원한 바람소리와 뒤편 숲속에 있는 약 6m 낙차의 폭포소리가 합주하는 자연의 교향악을

들을 수 있다. 그래서 정자 뒤 딸림방 이름이 센시다이洗詩台(세시대)이다. 감상을 마치고 내려올 때는 바닥도 살펴봐야 한다. 회반죽으로 빚은 작은 돌들을 1, 2, 3 단위로 박아놓고 '히후미이시一二三石'라고 부른다.

린운테이를 내려와 단풍이 아름다운 가에데바시楓橋 다리를 건너면 연못 안의 나카지마 섬 위에 세운 규스이테이窮邃亭가 나온다. 별장 주인

가미리큐 규스이테이에서 바라본 니시하마 연못가

인 덴노의 다실이다. 규스이테이에서 바라보는 서쪽 연못가인 니시하마西浜가 또 시선을 빼앗는다. 못가에 비친 하늘과 나무 풍경이 어쩌면 중국 서호西湖의 제방인 백제白堤와 소제蘇堤의 풍경을 옮겨놓은 듯하다.[4] 흙다리를 건너 니시하마 쪽으로 내려오면, 지금까지 지나온 풍경이 복습하듯 역순으로 재현되면서 오랫동안 추억으로 각인될 두루마리 산수화가 완성된다.

연못을 한 바퀴 돌아 가미리큐 입구로 돌아오면 정원 구경은 끝난다. 자연과 인간의 경계를 자기 나름으로 통찰한 작정자의 의도가 뚜렷하게 느껴진다는 것 자체가 경이롭다. 가미리큐에서 내려오는 길 오른쪽에는 '오카리코미 제방'이라고 부르는 잘 손질된 상록수 담이 있다. 이 제방은 계곡물을 막아 연못을 만들기 위해 쌓은 인공물이지만 자세히 살펴보지 않으면 존재조차 의식하기 어려울 정도로 주변 자연 속에 절묘하게 녹아들어가 있다. 이 정원의 비의秘義는 어쩌면 이 제방에 숨어 있을 것이다. 그 자체로 둑이거나 그 너머에 호수가 있다는 것을 도저히 상상할 수 없을 정도로 자연의 일부가 되도록 한 그 작의作意(제작 의도)가 이 거대한 자연풍경식 정원의 전체 미학을 떠받치고 있다.

---

4 중국 당대 시인 백거이白居易와 송대 시인 소식蘇軾은 각각 항저우杭州 지방관으로 있을 때 서호西湖에 제방을 쌓았다. 경치가 아름다운 서호에서도 명경으로 꼽힌다. 니시하마西浜는 서호 경관을 염두에 두고 조경한 듯하다. 구경을 마치고 나올 때쯤 알게 되지만 니시하마 바로 아래가 연못을 만들기 위해 쌓은 제방이다.

슈가쿠인리큐는 34살에 퇴위한 고미즈노오後水尾(1596~1680)가 환갑 무렵 짓기 시작해 64살 때 완성했다. 고미즈노오는 그 자신이 뛰어난 작정가였다. 별장의 위치 선정은 물론 "일목일초一木一草", 말 그대로 나무 한 그루, 풀 한 포기까지 직접 계획하고 현장지도도 했다는 말이 전해진다. 그는 이후 20년간 황궁과 슈가쿠인리큐를 오가며 살다가 84살에 죽었다. 덴노위를 내던진 대가로 얻은 '초일류 문화인의 일생'이었다.

이 황실정원도 가쓰라리큐처럼 사전예약제이다. 당일 현장접수도 가능하지만 인원 제한에 걸릴 수 있으니 안심하지 마시기를. ◇

슈가쿠인리큐 교토시 사쿄구 슈가쿠인 야부소에

sankan.kunaicho.go.jp/guide/shugakuin.html

5. 시센도 詩仙堂

정적의 밀도

교토시 동북부 사쿄구의 작은 절 시센도詩仙堂는 일본 '문인정원文人庭園'의 백미이다. 가쓰라리큐와 슈가쿠인리큐가 황실정원을, 료안지나 다이토쿠지 절의 가레산스이가 사찰정원을 대표한다면, 개인정원 시센도는 작위도 벼슬도 필요 없는 문사철文史哲의 정원이다.

높은 인문주의와 예술적 안목으로 조성한 공간에 주인의 인생 철학, 선과 다도, 문학과 예술에 대한 조예를 감추듯, 넘치듯 채워 넣은 품격 높은 문예살롱이다. 젊은 시절 출세의 꿈이 꺾인 뒤 변방을 돌다가 말년을 권회卷懷(자신의 재능을 감춤)의 신선처럼 살다가고자 한 집주인의 인생관이 이런 정원을 만든 동력이었다. 그 경지로 인해 당대에는 최고위 귀족(상황)의 선망을 받았고, 후대에는 멀리 서구 왕족(1986년 영국 찰스

시센도의 서원과 정원. 고요 속에 정원 풍경을 바라보며 '멍때리기'에 더없이 좋다.

왕세자와 다이애나비)의 내방을 받았다. 시센도는 집주인 사후 시센도 조잔지詩仙堂丈山寺라는 이름의 절이 되어 오늘에 이르고 있으며, 문기文

氣에 흠뻑 젖은 사색과 명상, 정일靜逸(조용하고 편안)한 산책을 바라는 교토시민의 명정名庭으로 아낌을 받고 있다.

시센도의 중간문 로바이칸. 이 문을 지나면 본채로 들어선다.

시센도는 이시카와 조잔石川丈山(1583~1672)이라는 은퇴한 무사 계급의 문인이 당시로는 인생의 황혼기도 지난 59살 때 지어 죽을 때까지 산 개인 집이다.

조잔은 17세기 일본에 한시 문학을 연 시인이자 서예가로 이름이 높았고, 다도에서도 이른바 문인차로 불리는 전다煎茶의 비조鼻祖(어떤 사조를 처음으로 연 사람)로 꼽힌다. 이념적으로는 유가(주자학)로서 선불교와 도가를 넘나든 자유인이었다. 정원 조성에도 뛰어나 시센도도 직접 구상하고 지었다. 교토 명정의 하나로 손꼽히는 유명한 쇼세이엔涉成園도 그의 작품이다. 그야말로 다재다예한 사람으로, 그때까지 가진 재산을 털어넣어 이 은거를 짓고 벗과 지인, 당대의 문사, 예술가들과 더불어 시대의 뒷길을 미련 없이 지나갔다. 인생 2막의 로망을 이룬 사람이라고 할까.

시센도의 본명은 오토쓰카凹凸窠이다. '울퉁불퉁한 집'이라는 뜻으로 이시카와 조잔의 인생역정을 상징한다. 하지만 내부는 세련되기 이를 데 없다. 시센도는 이 "울퉁불퉁하게 세련된" 집의 중심을 이루는 방 이름이다. 시선으로 추앙받는 시인들에 대한 존경을 담고 있다. 조잔은 집을 지을 때부터 역대 중국 시인 36명의 초상과 시를 모신 시센도를 구상했다고 한다. 당시 일본 전통 시의 한 대가가 와카和歌(일본의 전통시) 시인 36명을 골라 '가선당歌仙堂'을 꾸민 것을 보고 이에 대응해 지었다는

이야기도 전해진다. 당대의 유명 화가(가노 단유)가 초상을 그리고 조잔이 글씨를 쓴 이 '시센노마詩仙の間'(시선의 방)가 유명해지면서 오토쓰카라는 본명보다 시센도가 정원의 대명사로 세인의 입에 붙었다.

그럼 시센도 안으로 들어가 보자. 시센도 관상觀賞은 진입로와 건물, 실내와 정원 풍경, 그리고 뜨락으로 내려가 거닐며 즐기는 정원 등 크게 세 부분으로 나눌 수 있다. 조잔은 이 오토쓰카를 완성한 뒤 '오토쓰

시센도의 정원 풍경

카 10경'을 자선自選(본인이 택함)했다고 하는데, 그것을 입구부터 차례로 돌아보자. 조잔이 10경의 제1경으로 꼽은 '쇼유도小有洞'라는 편액이 걸린 대나무 표문(정문)에 들어서면, 돌계단과 대숲으로 둘러싼 고요한 소로가 이어진다. 중문인 로바이칸老梅関을 지나면 본채 현관이 나오고, 위에는 전체 정원을 조망할 수 있는 누각 쇼게쓰로嘯月楼가 있다. 집채에는 중앙의 서원 옆에 시센노마가 있고 그 왼쪽에 독서실 시라쿠소至楽巣가 있다. 독서실 앞 작은 마당에는 고고센膏肓泉이란 우물이 있고 건너에 시동 방 야쿠엔켄躍淵軒이 이어진다.

정원은 지형의 고저 차를 활용해 상하 두 개로 나뉜다. 서원 창으로 내다보는 위 정원에는 세상의 몽매를 씻고 간다는 의미의 센모바쿠洗蒙瀑 폭포와 폭포수가 이룬 얕은 연못 류요하쿠流葉陌가 보인다. 아래 정원으로 내려가면 꽃밭을 거닐게 되는데, 백 가지 꽃이 있다고 해서 '햐카노百花塢'라는 이름이 붙어 있다. 이 꽃의 제방과 흰모래 마당이 산과 바다의 짝을 이룬다. 서원 마루에 서서 위 정원을 조망한 뒤 뜰로 내려가 아래 정원까지 구석구석 거닐며 정원을 즐긴 다음, 다시 서원 마루에 돌아와 앉아 '액자 속의 정원'을 바라보며 명상에 빠져보는 것이 '관람의 정석'이다.

시센도를 구경할 때면 함께 떠오르는 것이 조잔이라는 사람이다. 당시 정권을 잡은 도쿠가와 이에야스의 근시近侍(주군을 지근거리에서 모시는 사무라이)로 전도유망했던 그는 32살 때 벌어진 도요토미 히데요시 가문과의 일전, 1615년의 이른바 '오사카 여름 전투'에서 공을 다투다 군명 위반 혐의를 받고 막부에서 사실상 축출되는 좌절을 겪었다. 이후 사무라이로서 출세의 길을 포기하고 주자학을 배워 유자의 길로 들어섰고, 노모를 봉양하기 위해 지방 호족의 가신으로 장년기 대부분을 보냈다. 노모가 돌아가자 교토로 돌아와 자신이 꿈꿔왔던 삶을 살기로 결심한다.

한나라에서 송대까지 중국시인 36명의 초상과 시를 걸어놓은 시센도. 편액은 예서의 달인이었던 집주인 이시카와 조잔의 글씨이다.

©PlusMinus

조잔이 일본 농부의 해수방지기에서 착안해 발명했다는 대나무통물받이 소즈. 물을 쏟을 때 "딱" 소리를 낸다.

그때가 54살이었으며, 5년 뒤 가재를 털어 지은 말년의 보금자리가 시센도였다.

시센도 표문에 걸려 있는 편액 '쇼유도小有洞'는 도교에서 '신선이 사는 곳'을 가리킨다. 그런데 현관에는 '생사사대生死事大'[5]라는 '불교식' 현판을 걸어놓고 있다. "신선이 아닌" 인간에게 죽고 사는 것만큼 중대한 일은 없다는 '반전'이다. 시의 신선들을 모신 고상한 시센노마 옆에도 '육물명六勿銘'이란 이름의 일상준칙을 나무판에 새겨 걸어놓았다.

---

5 중국 선종 6조 혜능의 어록인 『육조단경六祖壇經』에 있다.

평생을 독신으로 산 이 독거노인의 여섯 가지 생활지침은 다름 아닌 불조심, 도둑 조심, 늦잠 금지, 편식 금지, 근검절약, 청소 철저다.

시센도의 아래 정원에는 '소즈僧都'라고 하는 독창적인 대나무 물받이가 있다. 흐르는 물이 대나무통에 꽉 차면 그 무게에 못 이겨 대나무통이 물을 쏟아내면서 밑에 받쳐둔 돌에 부딪혀 "딱" 소리를 낸다. 조잔이 소리로 정원을 해치는 새나 짐승을 쫓기 위해 직접 고안한 '발명품'인데, 농부들이 사용한 '시시오도시'라는 해수害獸방지기에서 착안했다고 한다.

이 소즈와 비슷한 것으로 고대 중국에 유좌宥坐라는 그릇이 있었다. 물이 모자라면 채우고, 넘치면 쓰러져 덜어내고 다시 수평을 이룬다. 공자가 이 그릇을 보고 중용의 가르침을 설파했다는 고사가 중국 고전 『순자』, 『공자가어』 등에 나온다.

조잔은 한적한 고요를 깨는 소즈 소리를 특별히 좋아했다고 한다. 태양이 작열하는 오후, 완전한 정적을 가르는 단발의 이 소음은 정적을 깬다기보다는 오히려 정적의 밀도를 극도로 높인다. 마쓰오 바쇼松尾芭蕉(1644~1694)의 하이쿠, "오래된 연못/ 개구리 뛰어드는/ 물보라 소리"와 같은 미학이다. 조잔의 노년을 '위로'했다는 소즈의 소음은 동시에, 혹시 자신도 모르게 찌꺼기처럼 남아 있을 세속에의 미련을 경계하는 죽비소리 역할을 했는지도 모른다.

이시카와 조잔은 아흔에 이른 어느 봄날 목련이 지듯 천수를 다했다. 젊은 시절의 쓰라린 좌절, 재능을 감추고 욕망을 억누르며 변방의 봉급쟁이로 살았던 장년기의 긴 침잠을 생각하면, 30년의 말년은 이루지 못한 꿈을 가슴속에서 꽃피운 시간이었을 것이다. 시센도는 그런 점에서 울퉁불퉁한 인생을 산 한 늙은이에게도 신선의 낙원이었다.

시센도를 방문하는 한국인에게, 가능하다면 일본과 중국분들에게도 덧붙여 들려주고 싶은 이야기가 있다. 앞서 등장한, 시센도 표문에 걸려 있는 편액 '小有洞'에 관한 것이다. 소유동은 도교 용어로 신선이 사는 곳, 즉 이상적인 은거지를 뜻하는 소유동천小有洞天에서 나온 말이다. 문학사에서는 일찍이 시성 두보(712~770)의 시에 등장했다. 두보는 "구지의 연못물은 만고토록 땅 밑에서 몰래 소유동천으로 흘러든다萬古仇池穴 潛通小有天"[6]며 소유동같은 띠집 한 채 짓고 흰구름가에서 노년을 보내고 싶은 심정을 읊고 있다. 이는 조잔이 오토쓰카(시센도)에 후원을 짓고 이름을 쇼유도小有洞라고 한 연원을 이룬다.[7]

조잔의 '쇼유도'처럼 정원 이름으로 두보의 소유동을 사용한 사

6 杜少陵詩集, 秦州雜詩14.

7 조잔의 문집에 수록된 '서흥書興'이라는 시에 '후원에 문을 내고 이름을 소유동이라고 한다後園有門名小有洞'이라는 부제가 붙어 있다. 필자는 이를 근거로, 소유동 편액은 본래 후원의 이름이었으며, 조잔 사후 어느 시기엔가 표문으로 옮겨진 것으로 추정한다.

ⓒAdobe Stock

'小有洞' 편액. 기록에 따르면 원래는 정원에 걸려 있던 것으로, 석주의 컨셉트와 동일하다.

례가 한국에도 있다. 조선 중기의 대표적 시인인 석주石洲 권필權韠(1569~1612)이다. 석주는 강화에 초당을 짓고 학생을 가르칠 때, 근처에 원림園林(조선식 정원)을 조성하고 그 이름을 두보의 시에서 따와 소유동小有洞이라고 했다[8]는 것이다.

석주는 조잔보다 한 세대 정도 먼저 조선 땅에서 살다간 시인이다. 당연히 두 사람은 만나거나 교류한 적이 없다. 조선의 소유동과 일본의 쇼유도는 두보를 사숙한 데서 비롯한 "매우 드문" 우연의 소산일까?

조잔은 시센도를 짓기 5년 전인 1636년 교토에서 조선통신사 이문학

8 『석주집』(1632), '병중病中에 밤비 소리를 듣고 초당草堂이 생각나 평생의 일을 서술하다'의 3수.

관(문학으로 통신사를 보좌하는 관리) 국헌菊軒 권칙權侙(1599~1667)을 만나 교유했다. 조선시 작법과 문단동향에 관심이 높았던 조잔은 16살 연하의 국헌을 '시학 교수'로 깍듯이 예우했고, 국헌은 조잔의 시를 "일동지이두日東之李杜(일본의 이백과 두보)"라고 상찬했다는 기록이 있다.[9] 국헌은 자신이 좋아하는 중국 시인 50명의 시와 초상을 실은 『시인요고집詩人要考集』이라는 시화집을 직접 만들어 일본에 가져갔는데, 조잔의 시센노마는 놀라울 정도로 이 시집의 형식과 흡사하다. 짧은 만남이었다 해도, 두 사람의 교유는 조잔에게 깊은 인상을 남겼음이 분명하다.

그런데 소유동과 관련해 주목할 점은 국헌이 바로 석주의 친조카라는 사실이다. 이미 20년 전에 죽은 삼촌이지만, 자신의 문학적 스승이고 당대 조선시단의 총아였던 석주와 그의 시를 조선 문단에 관심이 높은 조잔에게 소개했을 개연성은 아주 높다고 볼 수 있다. 석주가 시에 뛰어났을 뿐만 아니라, 조잔처럼 서예와 다도, 특히 정원조경에 일가견이 있었다는 사실은 시센도를 구상 중이던 조잔의 관심을 더욱 증폭시켰으리라 생각한다. 어쩌면 국헌과 조잔의 교류는 이후에도 끊어지지 않고 계속되어 석주의 문집(『석주집』)까지 조잔에게 전해졌을지 모른다. 주자학에 얽매이지 않고 유불선儒佛仙에 두루 통했던 석주의 문학세계는 조잔의 은거 철학과 다르지 않았을 것이다.

---

9 『조선필담집朝鮮筆談集』, 1682, 교토.

물론 조잔이 시센도를 지을 때 석주의 영향을 받았다는 직접적인 증거는 없다. 그러나 시센도의 조경과 석주의 시, 소유동과 쇼유도의 신기할 정도의 유사성은 마치 "땅밑으로 몰래 흐르는 물처럼" 시공을 초월해 흘러온 동아시아문명의 유구함을 증거한다. 조잔은 생전에 엮은 자신의 문집을 『복장집覆醬集』이라고 이름했다. 복장覆醬은 간장을 엎었다는 뜻의 겸사(겸손의 말)이다. 엎지른 간장물은 시간 속에 증발하지만, 그 흔적은 쉽게 지워지지 않는다.

오늘날 조잔의 정원 시센도는 일본인들의 명정으로, 세계인의 명소로 아낌을 받고 있다. 조선의 가난한 시인 석주 권필의 원림은 유허비만 잡초 속에 서 있을 뿐 흔적조차 남아 있지 않다. 아쉬운 마음에 문득 이는 바람이지만, 언제고 석주 초당과 원림이 조선의 문인정원으로 복원되기를 바란다. 그리고 교토의 시센도에 석주와 조잔의 시가 두보와 함께 나란히 걸리는 날이 오기를 바란다. 일본 사람들에게도 필자의 바람을 전하고 싶다. 시공을 초월한 3인의 창화에, 세계인들은 동양의 진수를 눈에 담고, 한국인과 중국인은 우정을 가슴에 담아 갈 것이다. ◇

시센도	교토시 사쿄구 이치조지 몬구치초 27	kyoto-shisendo.net

6. 고에쓰지 光悅寺

변경에서 중심을 건축하다

17세기 초 교토에 '예술인 마을'이 있었다. 도예, 공예, 회화 등에서 뛰어난 장인들이 모여살며 예술혼을 불태웠다. 요즘 식으로 말하면 '가장 우리 것이 가장 세계적'이란 확신을 가진 한 만능 예술가가 지었다는 이 예술촌이 궁금해 교토 서북 고지대 동네 다카가미네鷹ヶ峰를 찾아갔다. 교토 서쪽을 남북으로 잇는 센본도리 길 북쪽 끝부분에 불교대학이 있고, 거기부터 좁고 가파른 언덕길을 오르면 도카이東海자연보도와 만나는 삼거리가 나온다. 거기에 고에쓰지光悅寺로 가는 이정표가 보인다. 예술촌은 '촌장' 혼아미 고에쓰本阿弥光悅(1558~1637) 사후 일련종 사찰이 되어 오늘날까지 그 면모의 일부를 전하고 있다.

일본 유명화파인 린파 400년 기념비. "차후에도 옛 명작에 못지않는 명인들이 언제라도 나오기를 바란다"는 고에쓰의 말을 새겨놓았다.

이정표를 따라 왼쪽 길로 접어들면 2018년에 세웠다는 '린파琳派 400년 기념비'와 마주친다.

"1615년 도쿠가와 이에야스로부터 이 땅을 받은 혼아미 고에쓰는, 일족과 장인들을 이끌고 들어와, '고에쓰무라光悅村'라고 불린 예술촌을 세우고 뛰어난 예술작품을 생산했다. 고에쓰로부터 이어진 미의 흐름은, 나중에 '린파'라고 불렸으며, 오늘날까지 일본 미술에 다대한 영향을 미치고 있다. '린파'의 일본 미와 미의식이 다음 세대를 담당할 젊은이들에게 이어져 뛰어난 예술이 창조되기를 염원하며 이 기념비를 세운다."

비문을 읽고 나니 더욱 '고에쓰무라'가 보고 싶어져 발길을 서둘렀는데, 얼마 가지 않아 길가에 표지판이 나타난다. 안내판이 없었다면 그냥 지나쳤을지도 모른다. 애초에 사찰로 지은 게 아니라, 가로변에서 깊숙이 안쪽으로 들어가야 집들이 나오는 일종의 숨은 공동체 구조로 지었음을 짐작게 한다.

고에쓰지 참도. 길게 이어진 부석을 밟으며 중문을 지나면 법당이 있고, 그 너머에 감춘 듯한 7개의 다실이 오솔길로 이어져 있다.

고에쓰지는 진정 고즈넉한 '절'이다. 하도 고요해 여름과 가을에는 녹음 속에 풀벌레 소리만 들리고, 봄겨울에는 꽃과 눈이 떨어지는 소리가 들릴 것만 같다. 빛깔이 소리 없는 음악을 연주하고 있다고 할까. 오솔길을 걸어와 먼 히가시야마 산봉우리들과 가까이는 다카가미네 3연봉을 바라보며 정적 속에 안기고 싶다면 고에쓰지가 바로 그 바람을 들어줄 것이다. 산문에서 안으로 들어가는 참도参道(정문에서 본전으로 가는 참배길)는 제법 길다. 돌을 깐 좁은 길이 단풍나무로 둘러싸여 있다. 자연의 터널을 지나 중문으로 들어서는 구조이다. 인증샷을 찍으려 붐비는 것을 막기 위해서인지 형식적이겠지만 촬영 금지 팻말을 세워놓고 있다. 불당을 지나 정원 안으로 들어서면 다이쿄안大虛庵(20세기 초 재건축), 산바테이三巴亭, 료자쿠켄了寂軒, 교슈켄翹秀軒 등 고에쓰가 지은 다실들이 숲속 오솔길로 이어져 있다. 각각이 다른 방향 속에 나름의 독자적인 양식을 보여준다.

고에쓰지의 명물은 고에쓰가키垣라고 불리는 대나무 울타리이다. 굵은 대나무를 마름모꼴로 엮은 담장이 뒤로 갈수록 키가 낮아지는 게 누운 소 같다고 해서 가규가키臥牛垣라고도 불린다. 단풍나무와 싸리, 억새로 뒤덮인 울타리 너머로 보이는 다이쿄안의 지붕과 함께 한 폭의 그림을 이룬다. 경내 왼쪽 깊숙한 곳에는 고에쓰의 무덤이 있다. 숲이 무덤을 감싸고 있는데, 묘비 위로 비쳐드는 한 줄기 햇빛이 고에쓰에 대한 후예들의 존경심을 상징하는 듯하다. 다카가미네산을 관상할 수 있도록

만들어진 교슈켄을 지나면 맨 안쪽에 고에쓰가 거처로 사용한 혼아미안本阿弥庵이 나온다. 멀리 히가시야마 연봉 아래 교토 시내가 내려다보인다. 고에쓰는 57살 때 이곳을 짓기 시작해 80살에 죽을 때까지 예술가로서, '아트 프로듀서'로서 자신의 소명을 다했다. 린파400년기념비에는 '고에쓰 행장기'에 실려 있다는 그의 말이 새겨져 있다.

"이후에도 과거의 명작에 못지않은 명인이 언제라도 나타나기를."

고에쓰지의 다이쿄안 암자와
대나무 울타리 '고에스가키'

혼아미 고에쓰는 17세기 전후 교토가 배출한 최고의 문화인으로 평가받는 사람이다. 서예의 달인으로 유명했고 도예, 공예, 회화 등 거의 예술 전 분야에서 독보적인 경지를 선보였다. 그의 도자기와 칠공예, 글씨, 그림 중에 일본 국보와 중요문화재로 지정된 명품이 수두룩하다.

혼아미는 그의 가호인데, 쇼군과 다이묘의 도검을 감정하고 수리하는 집안이었다. 그 자신도 도검 전문가로서 입신을 시작했다. 귀족과 무사 계급으로부터 은근한 멸시를 받았지만, 예술의 힘으로 상위 계급과 대등한 '자리'를 획득했다. 당시 민간자본으로 간행된 출판물 '사가본'에는 민중이 이해하기 쉽도록 판화그림과 밑글씨가 들어갔는데, 이 또한 고에쓰의 발상이었다.

교토의 대부호 스미노쿠라 소안이 이끈 사가본 출판사업 참여가 어느 정도 마무리되자 새롭게 시도한 것이 이 예술인 마을 건설이었다. 혼아미 고에쓰는 그 시대에 왜 '예술가를 위한 마을'을 지었나? 2021년 60쇄를 찍은 교토 안내서의 고전 『교토』에는 그 '마음'을 이해할 수 있는 두 가지 키워드가 인용돼 있다. 우선 혼아미 고에쓰 자신의 생각.

> "학문을 좋아한다는 사람들이 문예는 경시한다. 요즘 떠들썩한 하야시 라잔林羅山의 무리들은 쇼토쿠 태자를 비방하고, 『쓰레즈레구사徒然草』, 『겐지모노가타리源氏物語』를 헐뜯는다. 그러나 주희는 유풍遺風을 따랐으니, 우리는 그것이 우스울 뿐이다."[10]

이것은 무슨 말인가. 너희 어용 주자학자들은, 불교를 바탕으로 고대 일본 정치체제를 확립한 자기 나라의 뛰어난 정치가를 깔보고 유수한 일본 고전문학들을 천시하고 있다. 그러나 너희들이 떠받드는 주자는 정작 자기 전통을 겸손히 따랐다. 우습지 않은가? 라는 말이다. 또 하나는 그에 대한 타인의 평가이다.

---

10 하야시야 다쓰사부로, 『교토』, 이와나미신쇼.

고에쓰 무덤. 숲으로 둘러싸인 묘비 위로 한줄기 햇빛이 비치도록 '설계'되어 있는 듯했다.

"고에쓰라는 사람, 서예에 뛰어난 사람으로만 아는데, 그는 타고난 훌륭한 인성 위에 한번 배우고 들은 것은 잊지 않는 세상에 보기 드문 인물이다. 오늘날 세상 사람을 보면, 성인과 현인의 도를 배운다면서 처세의 도구로 삼는 이가 많다. 고에쓰는 평생 그런 처세법을 알지 못했다."

하야시야 선생은 이에 대해 "'처세법'이란 바꿔 말하면 봉건사회의 현실을 받아들이고 권력에 순응해 살아가는 삶의 방식일 것이다. 고에쓰는 이를 적극적으로 부정하고 저항하진 않았지만, 소극적으로 무시하고 도피했다"며 '객관적' 해설을 덧붙이고 있다.

고에쓰는 학문의 지위를 독점한 채, '일본적'인 것을 폄하하는 주자학자들에 대한 반감이 있었다. 중국 지상주의에 대항해 일본의 고전과 예술을 발굴하고 발전시켜 일본 독자의 문예전통을 키워가고자 했다. 그것을 행동으로 옮긴 것이 '예술인 마을'의 건설이었다. '가라모노唐物'(중국 수입품)를 끼고 알은체를 하는 상류층의 비위를 맞추며 시간을 낭비하느니 산속에 들어가 동지와 제자들을 독려해 가장 일본적인 미의식을 탐구하고 생산하고자 했던 것이다.

필자의 좁은 소견으로는 일본은 14~15세기 무렵 '일본만의' 고유 정서를 갈구하기 시작했고, 16~17세기가 되면 우리가 지금 이해하는 일본 문화의 원형을 하나씩 만들어 내고 있다. 그 동력으로 분권정치를 통한 생산력의 비약과 임진왜란 같은 지배자의 폭력과 약탈도 꼽을 수 있겠지만, 가장 중요한 바탕은 자각과 계몽을 통한 민중의 문화적, 경제적 성장이었다고 생각한다. '과거를 뛰어넘는 명인을 배출하자'는 고에쓰의 꿈과 의지가 그것을 웅변한다. 일본은 조선과 중국을 통해 환골을 시

고에쓰의 가호를 딴 혼아미안

작했으나, 탈태는 오로지 자신의 힘이었다. 그 이백몇십 년의 혁신과 축적이 메이지유신이라는 '무혈의 자기 혁명'을 낳았다. ◇

고에쓰지	교토시 기타구 다카가미네 고에쓰초 29

7. 겐닌지 建仁寺

움직이는 그림 앞에 멈춰서는 순간

그림 구경을 하러 절에 간다고 하면 의아해할 분도 있을 것이다. 그러나 '천년고도' 교토에서는 가능한 일이다. 교토에서는 많은 절이 문화유산급의 뛰어난 그림과 조각, 공예품 등을 소장하고 있다. 다이토쿠지大徳寺, 쇼코쿠지相国寺, 난젠지南禅寺 같은 절은 일반관람이 쉽지 않아서 그렇지, 소장목록을 보면 그 자체로 하나의 초일류 미술관이다.

교토의 오래된 유명 사찰이 예술품을 많이 소장한 것은 일본 정치사와 관련이 깊다고 생각한다. 교토에는 황실과 막부의 후원으로 융성한 절이 많은데, 그 세력으로 당대 일류 예술가들의 뛰어난 작품을 많이 모으고 간직할 수 있었다. 사찰은 사교와 정치의 장이기도 했으므로 위신재威信財(소유자의 권위와 신분을 부각시키는 재화)와 장식용품도 적잖이 필요했다. 일본 가옥 특성상 다다미방 벽이나 칸막이에 그림이 그려져서 건축물과 분리되기 어렵다는 점도 사찰이 당대 일류 예술가의 명품을 많이 소장할 수 있는 현실적인 조건이 됐던 것 같다.

그림 구경을 좋아하는 사람에게 아쉬운 점은, 다이토쿠지처럼 비공개가 많은 데다 공개의 경우도 '특별배관'이라고 해서 일정 기간만 전시하고 관람료도 비싸다는 것이다. 공공전시의 어려움과 문화유산 보호 측면을 이해 못할 바는 아니지만 전시장 입구까지 갔다가 주머니 사정으로 발길을 돌려야 할 때는 돈 때문에 이성에게 차이는 것 같은 기분이다.

그래서 무료까지는 아니더라도 언제든 소정의 관람료로 좋은 그림을 구경할 수 있는 절은 반갑지 않을 수 없다. 다녀본 곳 중 가성비가 좋은 '착한 절' 하나를 소개해볼까 한다. 교토의 관광명소 기온거리의 겐닌지建仁寺다. 국보급을 비롯한 에도시대 걸작에서 현대 수묵화까지 한자리에서 두루 감상할 수 있다. 개인적으로는 만족도가 높아 여러 번 갔는데, 다른 분들은 어떨까 궁금하다.

겐닌지는 13세기 초 건립된 교토 최초의 선종사원이다. 이 절을 세운 에이사이栄西(1141~1215)는 선불교와 함께 차문화를 교토에 처음 들여온 선사이다. 일본 최초 사무라이 정권인 가마쿠라막부에 선과 차를 소개해, 귀족문화에 콤플렉스가 있던 사무라이들에게 큰 환영을 받았다. 그래서 겐닌지는 일본인에게 '다도의 성지'로도 여겨진다. 겐닌지는 쇼군

흰모래에 푸른 이끼와 돌을 배치한 다이오엔 방장 정원은 가레산스이의 명작 중 하나다.

의 비호 아래 교토에 있는 대규모 절 5곳을 일컫는 '교토5산' 중 제3위로 올라설 만큼 융성했다. 지금의 절도 크지만 메이지유신 전에는 배 이상이었다고 한다.

겐닌지는 전형적인 선종가람 형태를 볼 수 있는 곳으로 여러 건축물이 역사적으로 유명한데, 필자는 방장 건물이 특히 볼만했다. 1599년 히로시마에 있던 사찰 방장을 옮겨온 것이라는데 나무껍질로 된 넓은 지붕과 구리판으로 만든 긴 처마의 기품이 보는 사람을 저절로 머리 숙이게 한다. 흰 모래로 망망대해를, 푸른 이끼와 돌로 피안의 이상향을 묘사한 가레산스이 정원은 하루 종일 바라봐도 싫증이 나지 않을 것 같다.

기온시장을 남북으로 지나는 하나미花見소로를 따라 골목 구경을 하며 슬슬 걸으면 겐닌지 절 후문이 나온다. 절을 돌아보는 '정통 코스'는 반대쪽 칙사문에서 시작해 삼문을 거쳐 법당과 방장을 구경하고 경내의 탑두들을 차례로 돌아보는 것이다. 그림 구경이 먼저이면 500엔 입장료를 내고 방장건물로 곧장 가면 된다.

방장 입구에 들어서면 '대재심호大哉心乎'(크구나 마음이여!)라는 에이사이 선사의 선어가 방문객을 맞이하고, 이어서 일본이 세계에 자랑하는 「후진라이진즈風神雷神図」(풍신뇌신도)와 마주한다. 카메라 회사 캐논이 교토박물관에 가 있는 진품을 초정밀 디지털 기술로 복제한 것이다. 바로 앞에서 볼 수 있어서 화질이 선명하게 눈에 들어온다. 단순히 구경하는 입장에서는 박물관보다 낫겠다 싶은 생각이 들 정도였다.

이 「풍신뇌신도」는 두 폭 한 쌍(4폭. 세로 154.5×가로 169.8㎝)의 병풍화이다. 왼쪽에 벼락신雷神, 오른쪽에 바람신風神을 묘사했다. 풍신과 뇌신은 본래 농경의 신인데, '신부츠슈고神仏習合'(신불습합, 불교와 신토가 융합한 종교 현상)으로 천수관음보살의 수하권속이 된 신들이다. 그림은 풍신과 뇌신을 화폭 양쪽 끝에 배치하고 중간을 여백으로 두면서 마치 두 신이 신통력을 겨루는 듯하게 묘사해 화면 전체에 긴장감을 불어

다와라야 소다쓰, 「후진라이진즈」, 17세기. 다이내믹한 동작, 자신의 임무에 도취한 듯 신나면서도 코믹하기도 한 표정 묘사가 압권이다.

넣고 있다. 풍신은 바람주머니를 들고 있고, 뇌신은 신나게 북을 치는 모습이다. 본래 붉은색으로 묘사하는 뇌신을 흰색으로, 청색의 풍신을

녹색으로 바꾸고, 금박과 은니, 먹과 안료를 절묘하게 배합해 뛰어난 색채감을 만들어냈다.

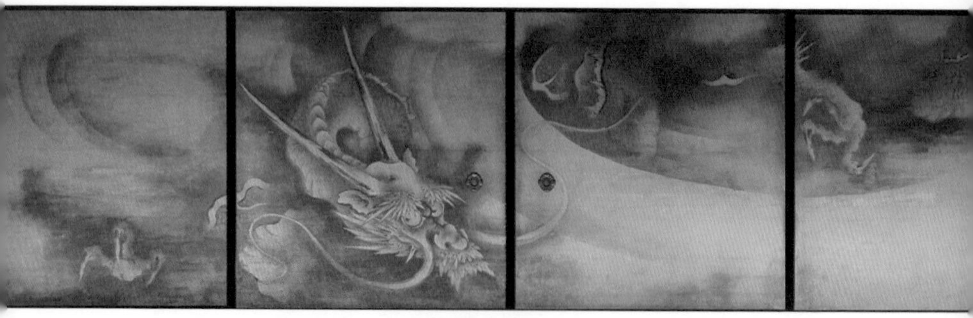

가이호 유쇼, 「운류즈」, 16세기. 8면짜리 장벽에 그려진 박력 넘치는 쌍룡도. 주인 용(위)과 손님 용(아래)을 묘사했는데, 화가가 팔을 휘두르듯이 그렸다고 한다.

낙관도 도장도 없지만, 일본 미술학계는 의심의 여지 없이 다와라야 소다쓰俵屋宗達(생몰년 미상)의 작품으로 본다. 역동적인 구도와 독창적인 착상, 어느 유파에도 기대지 않은 자유롭고 대담한 특유의 작풍이 그의 다른 작품과 다르지 않다. 에도시대 이래 일본의 유명 화파 중 하나인 고린光琳파(또는 린파)의 비조로도 여겨지는 다와라야는 부유한 마치슈 계층의 화가이다. 화방을 운영하면서 제자들과 장식화, 수묵화, 민화, 일상용품 그림 등 여러 장르에 걸쳐 수많은 작품을 제작했지만 정작 자신의 개인정보는 거의 남기지 않았다. 화방(다와라야공방)의 실재와 '다와라야부채'의 인기, 기록 속의 교유관계 등으로 미뤄 1570년대에서 1640년께 사이에 살았던 것으로 추정한다. 이 그림은 시기적으로 다와라야가 만년에 그린 "최후의 걸작"이다.

방장의 벽과 칸막이에는 가이호 유쇼海北友松(1533~1615)의 유명한 「운류즈雲龍図」(운룡도)가 있다. 용 그림으로는 동양 미술사에서 빠지지 않고 거론되는 명작이다. 이 역시 초정밀 디지털 재현작이다. 가이호는 당시 어용화사인 가노파에서 배운 뒤 중국 수묵화를 받아들여 자신만의 화풍을 창조해 가이호파海北派의 비조가 된 화가이다. 겐닌지에서는 「운룡도」 외에도 그의 유명한 수묵화 작품을 여럿 볼 수 있다. 대표작으로 꼽히는 산수도를 비롯해 「화조도」 「죽림칠현도」 「금기서화도」 등이 있다. 모두 일본의 중요문화재로 지정됐다.

방장을 나와 법당으로 발걸음을 옮기면 천장에 그려진 현대 수묵화 「소류즈双龍図」(쌍룡도)가 보는 이를 놀라게 한다. 가로 15.7m, 세로 11.4m 크기에, 종이에 먹으로 그린 대형 천장화이다. 일본 현대 수묵화의 빼어난 작품이다.

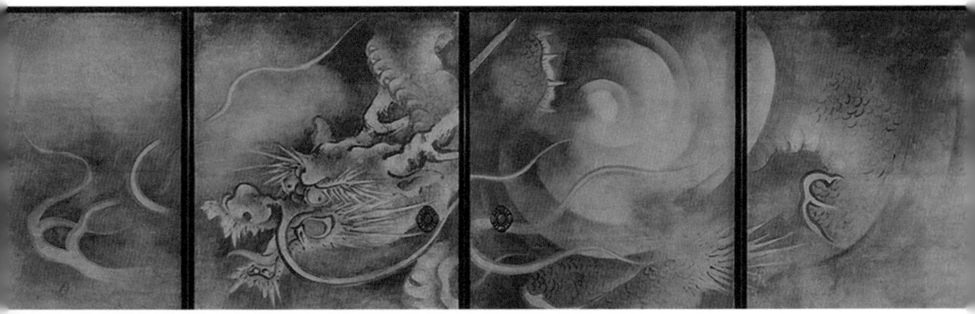

겐닌지 법당 내부. 겐닌지는 교토 최초의 선종사찰로, 법당의 그림 없이도 그 권위에 부족함은 없다. 하지만 이곳 역시 천장에 용을 얹히는 '세속적인' 추세를 어쩔 수 없이 따르는 모양새다.

이런 쌍룡도는 주로 선종사찰 법당에 그려지는데, 겐닌지에는 원래 없었다. 절 창건 800주년(2002년)을 맞아 도예가이자 수묵화가인 고이즈미 준사쿠小泉淳作(1924~2012)가 22개월에 걸쳐 그림을 완성했다.

겐닌지는 정원도 아름답다. 메이지시대의 정원인 다이오엔大雄苑과 비교적 현대에 지어진 '○△□의 정庭', 초온테이潮音庭 등도 발걸음을 머물게 한다.

현대에 조성된 정원인 쵸온테이. 겐닌지 본방 중정에 자리잡은 4방정면의 정원이다.

'○△□의 정'이라는 세 도형은 우주의 근원을 상징한다고 한다.

겐닌지를 구경하기로 작정했다면 시간을 넉넉히 내어 주변 절까지 돌아보는 일정을 짜보기를 권한다. 근처에 있는 로쿠하라미쓰지六波羅蜜寺는 영락해 지금은 사찰처럼 보이지도 않지만 옛날에는 일본을 호령하던 헤이케平家 가문의 원찰이었다. 이곳 '보물관'이 소장한 구야空也(10세기 일본 승려)상은 일본 조각의 걸작으로 꼽힌다. 가는 길에 "악연을 끊고 좋은 인연을 찾아준다"는 야스이곤피라구安井金比羅宮 신사에 잠시 들러 소원을 빌어보는 것도 이방인으로서 걷기의 가성비를 높이는 좋은 생각이다. ◇

겐닌지	교토시 히가시야마구 고마쓰초 584	www.kenninji.jp

겐닌지의 지수화地水火 정원

8. 사가노의 작은 절들 嵯峨野の小さい寺

늦은 교토의 가을이면 더욱 빛나는

교토 서북쪽 아라시야마嵐山·사가노嵯峨野 일대는 교토에서 풍광 좋기로 손꼽히는 곳이다.귀족들이 배를 띄우고 달구경을 했고, 조선의 신숙주에서 현대 중국의 저우언라이周恩來에 이르기까지 외국 귀빈들도 초대된 교토의 대표적인 명승이다. 요컨대 예나 지금이나 절경이란 뜻이겠다. 아라시야마유원지의 오이가와大堰川강의 도게쓰渡月다리를 기준으로 상류쪽 사가노에는 세계문화유산인 덴류지天龍寺를 필두로 크고 작은 절들이 점점이 모여 있다. 비교적 가깝게 흩어져 있는 절들을 천천히 걸으며 구슬을 꿰듯이 구경할 수 있다는 게 최대 매력이다. 걷기에는 가급적 관광시즌을 피하는 것이 좋다. 필자는 만추晩秋(늦가을)의 평일을 추천한다. 달 뜨는 시각에 맞춰 돌아오는 코스를 짜면 더욱 운치가 있을 것이다. 사가노는 예로부터 달구경의 명승이었다. 개인 취향이겠지만, 늦가을과 초겨울 사이에는 '시구레時雨'(지나가는 가는비)가 예보되어도 굳이 피하지 말기를. 궁상맞아도 이역에서 우무雨霧(비안개)의 산사山寺는 접하기 힘든 정취이다. 코스는 텐류지에서 시작해 아타고야마산기슭의 오타기넨부쓰지愛宕念仏寺까지 걷는 것을 1차 목표로 한다. 사이의 여러 절 가운데 5곳의 작은 절과 각각 1곳의 암자와 신사를 지나는 코스이다. 두 번 오기 어렵다면 근처의 세이료지清凉寺와 다이카쿠지大覚寺까지 가보기를 바란다. 사가노의 유서깊은 고찰이다. 총 8~10km.

교외로 나가는 것이므로 일찍 길을 나서 JR철도 사가노선이나 란덴(관광열차)을 타고 아라시야마역에서 내려 오이가와 강의 도게쓰다리로 간다. 상쾌한 아침공기를 들이마시며 강 풍경을 한껏 즐긴 뒤 텐류지로 향한다. 이 절은 텐노의 보리사찰로 건립이 시작되었는데, 중간에 돈이 모자라자 '텐류지부네天龍寺船'라고 불린 중국무역선을 운영해 자금을 충당한 무소 소세키 대사夢窓疎石(1275~1351)의 '수완'으로도 유명하다. 텐류지는 1345년 완공된 후 8번이나 소실되었다가 다시 지어진 '전설'을 갖고 있다. 세계문화유산으로서 텐류지의 명성은 지천회유식 정원에 있다. 창건 당시의 모습을 간직한 유명한 소겐치曹源池 연못을 가운데 두고 계절마다 옷을 바꾸는 수목의 아름다움과 주변 산들을 차경으로 삼은 경치가 빼어나다. 정원 만들기의 귀재였던 무소 대사의 걸작이다.

세계문화유산 덴류지의 유명한 연못 소겐치. 주변 산을 차경으로 삼은 이 연못은 일본 지천회유식 정원의 백미로 꼽힌다.

덴류지에서 나와 중앙상점가를 따라 북쪽으로 가다가 왼쪽으로 꺾어지면 지쿠린竹林(대나무숲)으로 가는 소로가 나오고 그 끝에 노노미야野宮신사가 있다. 노노미야는 신관에 뽑힌 황녀가 신전으로 들어가기 전에 머무는 재궁으로 검은 나무 도리이가 상징물이다. 신사에서는 대나무 오솔길을 따라 '사가의 죽림'이 수백 미터 이어진다. 하늘을 가린 푸른 대숲의 청량한 공기와 맹종죽대나무를 흔드는 바람소리는 우리나라에서는 보기 드문 풍경이다. 대숲을 나오면 관광객이 드물어지면서 본격적인 '사가노걷기'가 비로소 시작된다.

조잣코지常寂光寺는 이 코스에서 처음 만나는 '작은 절'이다. 참도를 따라 오르면 흰벽에 초가지붕을 한 인왕문이 보인다. 붉은 단풍잎들이 인왕문 지붕 위로, 참도 위로 춤추며 떨어지는 풍경이 소문나 있다. 절 이름도 영원히 고요한 극락정토 같다고 해서 붙여진 이름이다. 가람 뒤에는 아라시야마의 풍경을 내려다보는 듯한 아름다운 다보탑이 서 있다.

조잣코지를 나오면 논밭가에 숨은 듯이 서 있어 안내판이 없으면 그냥 지나치기 십상인 작은 초가집이 한 채 있다. 일본의 유명한 하이쿠 시인 마쓰오 바쇼松尾芭蕉가 머물며 『사가일기嵯峨日記』를 썼다는 라쿠시샤落柿舍 암자이다. 현관 옆에 도롱이와 삿갓이 걸려 있으면 주인이 집에 있다는 표시이다. 암자 주인은 바쇼의 제자인데, 팔려던 감이 하룻밤 새 다 떨어져 버려 그만 이름이 '감 떨어진 집'이 되었다고 한다.

라쿠시사에서 15분쯤 슬슬 걸으면 석가여래와 아미타여래 두 부처를 모신 니손인二尊院이 나온다. 도요토미와 도쿠가와 두 가문 모두로부터 보시를 받아 번영을 누렸다는 절이다. 니손인은 풍격 있는 총문과 가람까지 100m가량 이어지는 넓은 참도가 볼만하다. 좌우로 단풍나무가 무성해 가을이 한창일 때는 '홍엽의 마장紅葉の馬場'(단풍잎들이 경마장의 말처럼 지나간다는 뜻)이라는 이름이 붙는다. 이 절 안에는 일본의 유명한 가인 후지와라노 데이카의 산장 시우정時雨亭의 옛 자취도 있어서 전통시 동호인들의 발길도 잦다.

니손인에서 조금 더 북쪽으로 걸으면 이번엔 기오지祇王寺가 숨은 듯이 나타난다. 기오지는 사랑을 잃은 비운의 여인들이 비구니가 되어 살다간 슬픈 이야기가 깃든 비구니 사찰이다. 대숲과 푸른 단풍나무의 조화 속에 고적한 암자, 깊이 햇살을 머금은 삼나무이끼, 흩어진 듯 모인 듯한 단풍나무 군락이 더없이 정결한 자태를 이룬다. '이끼 정원'의 백미 중 하나이다.

기오지에서 나와 아다시노넨부쓰지化野念仏寺로 가는 길에는 일본 전통마을을 볼 수 있는 사가도리이모토 보존지구가 있으므로 옛집 구경을 하면서 잠시 쉬는 것도 좋다. 기오지에서 15분쯤 거리에 있는 아다시노넨부쓰지에는 8천여 개의 석불과 석등이 장관을 이룬다. 아다시노넨부쓰지는 일본 고대의 명승 고보 대사가 들판에 버려진 시신들을 거두어 풍장을 지낸 데서 유래했다. 매년 8월 23, 24일에는 1천 개의 등을 켜고

©LudwigSK

라쿠시샤의 입구. 시인 바쇼가 머물던 곳으로 유명하다.

공양법회를 연다. 여기서 또 15분 정도 북쪽으로 가면 오타기넨부쓰지愛宕念仏寺이다. 오타기넨부쓰지의 명물은 1200기나 되는 5백나한상이다. 40여 년 전 절의 주지가 일반신도 희망자를 모아 이 나한상들을 깎았다고 한다. 초심자들이 만든 것이라고 믿기 어려울 만큼 하나같이 표정이 살아있다. 조각을 하는 동안 몸과 마음의 병이 낫는 치유체험을 한

ⓒ663highland

오타기넨부쓰지의 오백나한상. 일반 신도들이 깎았다고 하는데 표정들이 하나같이 살아 있다.

사람이 많았다고 한다. 자세히 보면 자기 얼굴과 닮은 나한이 한 개쯤은 꼭 있다는 "손님 끄는" 이야기도 재미있다.

오타키넨부쓰지까지 왔다면 사가노의 작은 절 순례는 얼추 한 셈이다. 시간과 체력이 되는 분은 발길을 세이료지와 다이카쿠지 쪽으로 돌려보자. 세이료지는 독특한 중국 양식의 목조 석가여래입상이 유명해 '사가의 석가당'으로도 불린다. 987년 조넨이라는 화엄승이 중국 유학

'사가의 석가당'이라고 불리는 세이료지의 2층 산문. 신라도래계 고승이 10세기 말에 창건했다.

때 이 입상을 보고 감동한 나머지 화사에게 부탁해 모각품을 만들어 가지고 온 것이라고 한다. 조넨은 속성이 하타秦씨였다고 묘비에 기록돼 있는 사람이다. 하타씨라면 사가노 일대를 옥토로 개간하고 교토를 수도로 만든 숨은 주역이었던 신라도래계 호족이니, 우리와도 인연의 끈이 있는 절이다. 보통의 일본인들에게는 고대소설 『겐지모노가타리』의 모델인 미나모토 도루의 산장 이름 '세이카칸棲霞観'으로 더 알려져 있다. 이 사람은 일본 역사상 황자 신분에서 처음으로 성씨를 받은 '겐지源氏 1호'이다.

다이카쿠지는 절이라기 보다는 어소(덴노의 처소)같은 곳이다. 일본에 덴노가 2명이던 시절인 남북조시대에는 남조황통의 중심이었다. 이런 역사 때문에 지금도 16개의 국화문(황실문장)을 새긴 흰 노렌暖簾(입구에 치는 가림막)이 절 현관에 걸려 있다. 다이카쿠지는 유서 깊은 건물도 많지만, 네 개의 방을 화려하게 장식한 금박의 장벽화들이 아주 볼만하다. 대표적 어용화사인 가노파의 그림들이다. 대현관에는 가노 에이토쿠의 「소나무 산수도」가 있고, 침전에는 가노 산라쿠의 「모란도」, 「홍엽도」 등이 있다. 모모야마시대(16세기 말~17세기 초반의 일본 미술사조)의 대표작으로 명성이 높다.

고대 헤이안시대에 창건된 다이카쿠지 옆에는 일본의 가장 오래된 인공 정원지인 오사와이케大沢池가 지금도 푸르르다. 당나라의 아름다운 호수 동정호洞庭湖를 본떠 팠다는 이 연못에 보름달이 뜨면 붉은 용머

다이카쿠지의 간게쓰다이(관월대)에서 바라본 오사와이케. 일본에서 가장 오래된 인공정원 연못이다.

리를 장식한 배들이 등롱을 밝히고 달빛 일렁이는 물 위를 떠다녔다고 한다. 이 뱃놀이는 지금도 매년 추석에 재현행사가 열린다. '관월觀月(달맞이)의 저녁'이란 연회 이름이 역사에 남아 있다. ◇

덴류지	교토시 우쿄구 사가텐류지 스스키노바바초 68	www.tenryuji.com
세이료지	교토시 우쿄구 사가사카도후지노키초 46	seiryoji.or.jp
다이카쿠지	교토시 우쿄구 사가다이카쿠지 몬젠 로쿠도초	www.daikakuji.or.jp
조잣코지	교토시 우쿄구 사가오구라야마 오구라초 3	jojakko-ji.or.jp
오타기넨부쓰지	교토시 우쿄구 사가토리이모토 후카타니초 2-5	www.otagiji.com

9. 오하라 산젠인 大原 三千院

독경 소리에 떠올리는 인연

교토시 동북쪽 사쿄구의 농촌 마을 오하라大原는 교토의 가을 패키지여행 코스에서 잘 빠지지 않는 곳이다. 이곳에 자리잡은 몬제키사원(황족사찰) 산젠인三千院의 경관과 단풍은 아름답기로 소문나 있다. 관광객에게 치이는 단풍철을 피해도 4계절 모두 충분히 아름답다. 봄에는 벚꽃과 전원의 채소꽃, 여름에는 자줏빛 차조기밭, 가을은 상사화와 코스모스가 한적한 시골길을 파노라마처럼 물들인다. 눈이 드문 교토에서 오하라의 설경은 두말할 필요가 없다.

오하라는 옛날에 교토에 땔감과 식재료를 공급하던 근교 농업지대였다. 생각하기에 따라 교토 황궁에서 멀 수도, 가까울 수도 있는 산중이어서 권력다툼에 지친 귀족과 권부층의 은거지로도 애용됐다. 오늘날에

유세이엔은 산젠인 본당을 둘러싸고 있는 지천회유식 정원이다. 맑은 연못, 초록의 이끼밭과 단풍나무 숲이 잘 어우러진 교토 명정의 하나다.

도 그 지리적 '이점'이 오하라 일대를 교토 외곽의 인기 높은 트레킹코스로 만들어주고 있다.

교토역 기준으로 한 시간 거리인 오하라로 가려면 교토와 동해 쪽 바다를 잇는 사바카이도鯖街道를 타야 한다. 사바카이도는 동해에서 잡힌 사바サバ(고등어)가 교토로 운반되는 길이어서 붙여진 이름이다. 버스를 타고 노무라와카레버스정류장에서 내려 오하라 마을 쪽으로 걸어가면

신선 채소와 가공식품을 파는 '사토노에키오하라'(방문객을 위한 휴게소)가 나온다. 대부분 사람이 여기서 간단히 요기하거나 채비를 한 뒤 본격적인 트레킹에 들어간다. 천변을 따라 산책로 '사쿠라이 길'을 걸어 잣코인寂光院 절을 먼저 들른 다음 되돌아나와 산젠인 일대를 돌아본 뒤 오하라버스정류장으로 가서 시내로 나가는 버스를 타면 6.5km, 약 1만 3천 보의 트레킹이 즐겁게 끝난다.

오하라 구경의 축은 산젠인이다. 절 자체가 아름답기도 하지만, 주변에 흩어진 다른 절에 접근하는 중심이 된다. 같은 천태종계의 고찰인 쇼린인勝林院, 호센인宝泉院, 라이고인来迎院, 짓코인実光院 등이 산젠인과 더불어 오하라 산중에 하나의 '정토浄土 세상'을 이루고 있다.

산젠인은 높은 담으로 둘러싸여 절보다는 승병들의 성채처럼 보인다. 이는 교토 몬제키사원의 공통적인 특징이다. 산젠인의 본당은 '오조고쿠라쿠인往生極楽院'(왕생극락원)이다. 노벨문학상 후보로도 거론된 소설가 이노우에 야스시井上靖(1907~1991)가 "보석상자 같다"고 상찬한 이 불당은 배를 엎어놓은 모양의 천장 아래 극락정토를 주관하는 아미타여래삼존불(국보)이 주석하고 있다. 호위하듯 불당을 둘러싼 거목의 삼나무들이 신비감을 더하며 '정토' 분위기를 물씬 자아낸다.

산젠인에는 고저 2면의 아름다운 정원이 있다. 높은 지대의 유세이엔有清園은 오조고쿠라쿠인을 끼고 도는 지천회유식 정원. 구름과 산이 들

산젠인의 본당인 오조고쿠라쿠인. 배 모양의 불당이 연못에 떠 있는 듯하다. 삼나무 거목들에 둘러싸여 신비감을 더한다.

어앉은 연못, 깊고 푸른 이끼, 비껴든 햇살, 낮게 가지를 드리운 단풍나무의 녹색이 유현미幽玄美(그윽하고 아리송한 아름다움)의 절정을 연출한다.

이끼밭에 숨은 듯이 놓인 지장보살 동자석도 꼭 찾아보기 바란다. 자기를 알아보는 이에게 반가운 듯 천진한 미소를 띠어준다. 객전에서 쉬

유세이엔의 아래쪽 슈헤키엔은 객전에 앉아서 감상하기 좋게 꾸며져 있다.

산젠인 옆을 흐르는 리쓰센. 이웃한 라이고인의 료센과 함께 '율려의 강'을 이룬다.

유세이엔 이끼밭의 지장보살 동자석. 지장보살은 어린이를 지키는 부처로 일본 민중에게 가장 친숙한 불교신이다.

며 바라보는 슈헤키엔聚碧園은 연못과 식물의 조화가 아름다운 관상정원이다.

잣코인 입구 계단. 잣코인은 일본 고대소설 『헤이케모노가타리』의 무대로 유명하다. 무척 고요하고 아름답다.

짓코인은 산젠인 앞 참도 왼쪽에 있고, 거기서 쇼린인을 거쳐 700년 수령인 오엽송(잣나무)과 대나무숲이 유명한 호센인으로 길이 이어진다. 산젠인에서 나와 동쪽으로 가면 라이고인 절이다. 라이고来迎는 임종한 사람의 영혼을 극락정토로 이끌어주는 역할을 한다는 부처나 보살을 가리킨다. 라이고인 뒤 산길을 올라 작은 다리를 건너면 '오토나시노타키' 폭포다. 오하라 트레킹의 종착점이다.

오하라는 한국인에게는 조금 특별한 곳일 수 있다. 오하라는 일본 불교사에서 천태종 성명声明의 발상지로 꼽힌다. '성명'이란 음률에 맞춰 읊는 염불이나 독경을 말한다. 일본 천태종의 교조 중 한 사람인 지카쿠慈覚대사 엔닌円仁(794~864)이 서기 860년 이곳을 교산魚山(중국 천태산 서쪽의 지명. 엔닌이 수학한 곳이다)이라 칭하고 "성명업声明業 정사精舎"를 세운 것이 그 시초라고 한다. 이것이 한국인에게 특별하다고 한 것은, 엔닌이 중국에서 들여왔다는 천태종 성명이 사실은 '신라 성명聲明'일 수도 있기 때문이다.

엔닌은 중국 유학 시절 신라방의 적산법화원에 머물며 신라불교를 배운 적이 있었다. 『신라신사와 고대일본』(2004)의 저자 데와 히로아키는 "엔닌은 '성명은 신라 성명이 제일이다'라고 하여, 신라 성명을 천태 성명으로 도입해 오늘에 이르고 있다"고 쓰고 있다. 이것이 맞다면, 이른바 '오하라교산류' 성명의 실상은 중국이 아니라 신라 성명인 것이다. 산젠인과 라이고인에는 각각 리쓰센律川과 료센呂川이란 이름의 두 계곡이 흐른다. 율려律呂는 6개의 양률과 음려로 이뤄진 12음계가 태극을 이루며 합쳐져 천지의 소리가 완성된다는 음악이론이다. 일찍이 최치원이 말한 신라 풍류도風流道의 일부로도 여겨지며, 근래에는 고 김지하 시인이 자신의 생명사상을 '율려사상'이라고 말하기도 했다.

산젠인 절의 연보에 따르면, "산젠인은 일본 천태 성명의 발상지로서, 성명에 대한 「구전서口傳書」와 「궁중어참법강宮中御懺法講」 등의 불교음악 자료가 전하고 있다". 이 밖에도 전적문서류 3021점(중요문화재 지정)을 소장하고 있다고 한다. 필자 생각으로는 이 안에 신라 성명 연구는 물론, '고한국어' 발굴의 중요한 실마리가 숨어 있을 것도 같다. 한·일 어느 쪽이든 한번 연구해봤으면 좋겠다.

오토나시노타키 폭포는 '소리 없는 폭포'란 뜻이다. 11세기에 천태 성명을 부흥시켰다는 료닌이라는 승려가 낭랑한 성명으로 폭포 소리를 잠재웠다고 해서 붙은 이름이다. 신라 성명에 얽힌 전설, 율려의 계곡, 소리 없는 폭포…. 신라의 서라벌 어느 산사에서 은은하게 울려퍼지는 새벽 독경 소리를 듣는 듯한 착각에 빠질 법하지 않은가?

오하라에는 산젠인 주변 말고도 유명한 것이 몇 가지 더 있다. 사바카이도를 경계로 산젠인 반대편에 있는 잣코인은 비운의 여성이 살다간 사찰이다. 일본 헤이안 시대 최대 권문이었던 헤이시平氏가 겐지源氏 가문에 패하여 멸망할 때, 황실에 시집간 헤이시 황후가 7살 난 아들(덴노)을 안고 투신했다가 구조돼 이곳 잣코인에서 비운의 비구니로 살다 갔다. 이 비극은 일본 전통극 노能와 소설 『헤이케모노가타리平家物語』로 일본인들에게 잘 알려져 있다.

두 번째는 일본의 풍속화에 등장하는 '오하라메大原女'이다. 지금은 사라졌지만 머리에 땔감을 이고 교토에 나와 팔던 여성들로, 꽃을 파는 동쪽의 시라카와메白川女, 생선을 팔던 서쪽의 가쓰라메桂女와 더불어 생활력 강한 교토 여성을 상징했다고 한다. 오하라메는 잣코인에서 비운의 황비를 모시던 시녀가 생활을 위해 감색 통소매 상의, 앞 묶음을 한 허리띠, 천으로 감싼 손발, 발목 각반과 짚신 차림으로 시장에 나선 것이 시초가 됐다는 설도 있다. 참가자들이 의상을 갖춰 입고 오하라메를 재현하는 이벤트 '오하라메마쓰리'가 봄가을에 열린다.

오하라 장아찌 '시바즈케柴漬'도 빼놓을 수 없다. 오하라 특산의 향기 좋은 붉은 차조기紫蘇잎에 가지, 오이, 양하 등을 함께 절여서 발효시킨 이 절임음식은 센마이즈케千枚漬(무나 무청을 얇게 썰어 미림이나 누룩 등에 절인 것), 스구키즈케(가미가모신사에서 시작된 시큼한 순무절임)와 함께 교토 3대 쓰케모노漬物(소금, 초, 된장, 지게미 등에 절인 저장식품의 총칭)로 꼽힌다. ◇

산젠인	교토시 사쿄구 오하라라이코인초 540	sanzenin.or.jp
잣코인	교토시 사쿄구 오하라소린인초 187	jakkoin.jp

10. 금각과 은각 金閣と銀閣

엇갈리는 일본의 두 얼굴

금각사金閣寺(긴가쿠지)와 은각사銀閣寺(긴가쿠지)는 교토 여행에서 빼놓을 수 없는 명소다. 각각 금각金閣(きんかく)과 은각銀閣(ぎんかく)라는 이름의 누각으로 유명하다. 짧은 일정 속에 교토 방문 인증샷이 필요하다면 금각을 배경으로 한 컷을 남기는 것이, 여유 있는 일정이라면 은각사를 천천히 거닐어보는 것이 어떨까.

금각과 은각은 우리 외래어 표기법에서는 동일하게 '긴가쿠'지만, 일본어로는 우리가 듣기에 약간의 차이가 난다. 헷갈리는 일본어 발음 대신, 이 장에서만은 그냥 우리식대로 금각과 은각으로 부르기로 하자.

금각사는 교토 서북쪽 기누가사산 밑에 있는 선종사찰이다. 정식 이름은 기타야마 로쿠온지北山 鹿苑寺. 커다란 연못가에 금빛 누각이 찬란하다. 은각사는 동북쪽 히가시야마 연봉 아래 '철학의 길' 시작점에 있는 히가시야마 지쇼지東山 慈照寺의 별칭이다. 은칠은 없지만 금각사와 자주 대비되면서 근세 이래 은각사라 불리고 있다.

각각 14세기 말과 15세기 말에 100년 가까운 시차를 두고 지어진 금각사와 은각사는 무사 권력이 교토를 지배하던 시절의 상징 같은 건축물이다. 애초 절이 아니라 쇼군의 거처 내지 별장으로 지어져서인지, 둘 모두 구조가 연못을 중심으로 한 정원 형태를 하고 있다. 연못가에 금각과 은각이 그림자를 비추며 서 있어서 본명보다는 누각의 이름으로 불리게 됐다.

3층 중 2·3층에 금박을 씌운 금각은 그 휘황찬란한 금빛이 보는 이의 시선을 압도한다. 연못에 비친 황금빛 그림자가 일렁일 때는 누각이 마치 물 위에 떠 있는 듯한 착각을 불러일으킨다. 금각을 의식해 그 반대의 미의식으로 지었다는 은각은 본래 검은 옻칠을 하고 있었다고 한다. 지금은 오랜 풍상에 그마저 벗겨져 남루를 걸친 듯한 모습이지만, 고고한 자태만은 깊은 선경에 들어 있는 고승의 기품을 방불케 한다.

금각사와 은각사는 일본 미술사에서도 나란히 거론된다. 일본 중세의 뛰어난 건축물 유적으로서 양식상의 비교 대상이기도 하지만, 금과 은이라는 색의 대조처럼 철학이나 미학의 차이가 강렬하게 느껴지기 때문일 것이다. 금각사가 화려하고 호사한 귀족미의 한 절정이라면, 은각사는 선불교를 바탕으로 한 모노톤의 심오한 미의식으로 금각에 "맞서고" 있다.

금각사는 1950년 21살의 학승에 의해 완전히 불탄 적이 있다. 승려의 어머니는 강물에 투신했고, 불을 지른 청년도 6년 뒤 생을 마감했다. 그를

'교토 관광'의 상징 격인 금각. 1956년 재건된 뒤 1986년 금칠이 더해졌다. 황금빛이 너무나 강렬해 이를 세속적으로 여긴 일본인도 적지 않았다.

진료한 의사는 '정신질환'을 언급했지만, 진짜 방화 동기는 미시마 유키오의 『금각사』, 미즈카미 쓰토무의 『금각염상金閣炎上』 등의 소설과 다큐로도 모자랄 만큼 일본인들의 수수께끼였다.

지금의 금각은 1956년 재건된 것이다. 실측조사자료가 남아 있어 거의 완벽하게 재현할 수 있었다고 한다. 불타기 전의 금각은 패전 직후의 고단한 일본처럼 금칠이 거의 벗겨진 '퇴락한' 모습이었다는데, 아이러니하게도 잿더미가 됨으로써 창건 당시의 찬란한 금빛을 되찾을 수 있었다.

아무튼 금각은 새롭게 금칠을 하며 그 화려함을 되찾았지만(1986년 대규모 수리를 하면서 금칠이 다시 더해졌다), 강렬한 세속성의 황금빛을 천박하게 여긴 일본인이 적지 않았다고 한다. 금각의 휘황함에서 인생의 허무를 읽는다는 사람도 있었다. 그러나 현세의 유복을 바라는 보통사람들은 그 숨 막히는 아름다움 앞에서 위화감을 느낄 겨를조차 없다. 황금이란 금속이 인간의 무의식 속에 심어놓은 '영화榮華의 이미지' 때문일 것이다.

구경꾼의 시각에서야 금각이 볼만하지만, 문화사적으로는 은각사의 위상을 좀 더 높게 친다. 오늘날 자칭 타칭 '일본적'이라 여기는 일본 문화의 특징이 이곳 은각사에서도 배태됐는데 이를 '히가시야마 문화'라고 한다. 금각사로 대표되는 '기타야마 문화'와 대비된다.

1994년 금각사와 함께 세계문화유산에 오른 은각사는 '질박하고 심오한 아름다움'으로 대표되는 일본적 미의식의 원류다.

이 흐름을 이끈 사람이 은각사를 지은 8대 쇼군 아시카가 요시마사이다. 금각사를 지은 요시미쓰의 손자로, 정치적으로는 무력했지만 예술적으로는 뛰어난 사람이었다고 한다. 스스로를 정치와 격리하기 위해 교외의 산기슭에 별장을 짓고 은거생활을 했다. 그러나 부족해진 재력 탓에 은각은 요시마사가 죽기 1년 전에 겨우 완성됐다.

그는 이곳에서 당대의 지식인, 예술가, 선승 등과 문학과 예술을 논하고 다도와 시가, 연희 등을 펼치며 선禪의 세계를 추구했는데, 이것이 대중 속으로 들어가 일본 전통문화의 한 전형을 제공했다는 설명이다.

은각사의 모래마당. 은모래 무늬로 여울을 묘사한 긴샤단과 달빛을 반사시키는 역할을 한다는 모래탑 고게쓰다이가 보인다.

일본 문화는 이때를 계기로 금각 같은 화려미보다는 은각류의 이른바 '쓰야케시'(광택을 벗긴 상태)의 소박하고 고졸한 세계를 추구하는 흐름으로 바뀌어갔다고 한다. '와비侘び'(간소하며 질박한 멋), '사비寂び'(고요하고 한적한 멋) 같은 용어로 대표되는 근세 이후 일본적 미의식의 원류가 바로 은각이었다는 것이다.

은각사도 주인이 죽은 뒤 금각사처럼 선종사찰이 되었는데, 잦은 화재로 대부분의 전각이 소실되고 은각과 요시마사의 불당인 도구도東求堂(동구당)만이 요행히 화마를 피했다고 한다. 도구도는 일본식 전통 가옥의 원형이 되는 쇼인즈쿠리書院造(서원조) 양식의 대표적인 건물로 은각과 함께 국보로 지정돼 있다.

은각은 일본인 중에도 본래 은칠을 한 것으로 아는 사람이 많다지만, 은을 칠한 적은 없다. 애초 계획은 있었는데 요시마사가 죽으면서 없던 일이 됐다고도 한다. 이런 내력 때문인지 은각이란 이름도 17세기 에도시대 들어서 생겨났다고 한다. 은각에는 차라리 잘된 일일 것이다. 은색으로 하루 종일 번쩍인들 내내 금색과 비교되며 아류의 허세라는 소리를 들어야 했을지 모르니까.

은각사는 정원미의 측면에서도 금각사보다 아취雅趣가 있다. 넓은 마당에 모래를 한 단 높이 쌓고 일렁이는 여울을 묘사한 긴샤단銀沙灘, 그 곁에서 달빛을 반사하는 역할을 한다는 모래탑 고게쓰다이向月台가 연못에 그림자를 드리운 누각과 어우러진 모습은 오직 은각사에서만 볼 수 있는 특별한 풍경이다.

도구도를 돌아 후원 언덕을 오르면 은각사와 주변 전경을 한눈에 내려다볼 수 있다. 은각 지붕에는 금각처럼 봉황이 얹혀 있는데 동쪽을 향하고 있다. 영원히 관음보살을 수호한다는 의미라고 한다. 은각의 정식 이름도 간논덴觀音殿(관음전)이다.

금각과 은각의 우열을 따지는 일은 부질없다. 각자 자기 세계가 있고 미학이 있고 역사가 있다. 욕망의 화신인 금각은 잿더미가 된 뒤에야 비로소 새로운 금의金衣를 입을 수 있었고, 영원의 갈구 같은 은각은 은의銀衣를 마다함으로써 시간이 흐를수록 오히려 일생일의一生一衣의 고고함을 더해가고 있다. 둘은 1994년 나란히 세계문화유산이 됐다. ◇

금각사	교토시 기타구 킨가쿠지초 1	shokoku-ji.jp/kinkakuji
은각사	교토시 사쿄구 긴가쿠지초 2	shokoku-ji.jp/ginkakuji

2 삶으로 아로새겨진 거리의 풍경

문화도시 교토를 낳은 민중의 힘, 그 생동하는 활력의 현장 8선

1. 도지 5층탑, 교토역 빌딩에서의 東寺の五重塔, 京都駅ビルでの

랜드마크, 도시의 상징을 잇다

'역사문화관광도시' 교토의 랜드마크는 어디일까? 이방인의 입장에서는 아마도 교토시 남쪽 시모교구에 있는 교토역과 역광장 앞에 우뚝 선 교토타워가 될 것 같다. 고대에는 이 역할을 도지東寺(동쪽의 절)와 55m 높이의 도지 5층탑이 했을 것이다. 옛날에 오사카와 나라 지방에서 상경하는 사람들은 멀리 5층탑 꼭대기가 아스라이 보이면 '교토가 가까웠음'을 알았다고 한다. 거대한 초현대식 건물인 '교토에키비루京都駅ビル'(교토역 빌딩) 옥상정원에서는 남서쪽으로 이 도지 5층탑이 손에 잡힐 듯 내려다보인다.

1997년 지어진 교토에키비루에서 883년 처음 지어진 도지 5층탑을 바라보며 역사학자 우에다 마사아키 교토대 교수의 말을 떠올려본다.

"불사조의 도都(도시)."

화재와 전란으로 여러 차례 궤멸적인 피해를 입었음에도 그때마다 기적처럼 재건되었기에 하는 말이다. 교토는 794년 일본 수도 헤이안쿄平安京로 건설된 뒤 도시를 폐허로 만든 대재난이 4차례 있었다. 1177년 대화재로 교토가 불탄 이래, 1467년부터 약 10년간 계속된 내란(오닌의 난) 때는 인구가 12만에서 5만으로 줄 정도였다.

1788년 대화재 때는 1424개의 마치町(마을)가 불에 탔고, 막부 말기인 1864년에 벌어진 '금문의 변' 사건 때는 2조에서 7조까지의 도심 지역이 불길에 휩싸였다고 한다. 1461년의 대기근 때는 교토 지방의 아사자가 8만 2천여 명이었다는 기록도 있다.

교토에 어령신앙(억울하게 죽은 원령의 힘을 믿고 의지하는 신앙)이 뿌리깊은 이유도 이런 민중의 고통과 원한에서 찾을 수 있다. 또한 대재난을 뚫고 기적처럼 도시가 재건될 수 있었던 것도 '대도시'에서 삶을 영위하고자 한 교토 사람들의 강한 의지가 아니면 설명하기 어려울 것이다.

도지 5층탑은 이 "불사조 교토"의 상징과도 같은 목조건축물이다. 비록 처음 지어질 당시의 탑은 아니지만, 지어진 그 자리를 지금껏 지키고 있는 보기 드문 '현존 유적'이다. 현재의 도지 건축물과 5층탑은 17세기에 새로 지은 것들이다. 특히 5층탑은 처음 세워진 뒤부터 1635년 4번째로 불탈 때까지 소실과 다시 짓기를 거듭하다가 1644년 현재 모습으로 재건됐다. 그야말로 4전5기의 탑이다. 현존하는 일본 고탑 중 가장 큰 키를 자랑하는 도지 5층탑은 지금도 '역사문화 도시 교토'의 얼굴 구실을 하고 있다. 연꽃이 가득 핀 커다란 연지 뒤로 마치 관음보살처럼 우뚝 서 있는 모습이 늠름하고 아름다워 웨딩사진 장소로도 인기가 높다.

교토의 도지는 헤이안쿄 조성 당시 도성 안에 허용된 2개의 절 중 하나였다. 당시 일본 조정은 승려의 지나친 정치 개입을 우려해 도성 문안 양쪽에 동사와 서사西寺, 두 개의 관사만 허락했다. 이후 서사는 도시의 서쪽 지역이 황폐해지면서 없어졌고, 일본불교 진언종의 개조 '구카이空海' 고보弘法(774~835) 대사가 전도를 위해 들어온 동쪽의 도지만이 서민들의 신앙처로서 살아남게 됐다.

일본 민중에게 구카이는 '고보상'이라는 애칭으로 불리며 엄청난 존경과 사랑을 받는 승려였다고 한다. 도지가 여러 차례 재난을 겪고 폐사 위기에 몰리면서도 그때마다 재건에 성공한 것은 고보상에 대한 민중의 신앙을 정치권력이 무시할 수 없었기 때문이었다.

고보상은 서민을 위해 도지에 시장을 열기도 했는데, 그의 사후에도 이것이 전통이 되어 대사의 기일인 매달 21일 "1천여 개 노점에 20여만 명이 붐비는" 벼룩시장이 열리고 있다. 교토 북쪽 기타노텐만구의 벼룩시장(25일)과 더불어 교토의 특별한 풍물이 되어 있다. 15세기 초 일본 역사에서 처음으로 돈을 받고 차를 파는 가게가 등장한 곳도 이 도지라

고대 교토의 랜드마크 역할을 한 도지 5층탑. 오사카와 나라 지방에서 상경하는 사람들은 멀리 탑 꼭대기가 보이면 교토가 가까웠음을 알았다고 한다.

도지에 들어서면 왼편으로 커다란 연지와 숲 뒤로 우뚝 선 5층탑을 볼 수 있다. 교토 안내물에 단골로 등장하는 그림 같은 풍경이다.

고 한다. 조선초에 편찬된 『고려사』에 "절에서 국수를 팔았다"는 기록이 있는 것을 보면, 당시 한국과 일본 절에 시장이 섰음을 알 수 있다.

오늘날의 도지는 세계문화유산에 등재될 만큼 많은 문화유산을 가진 명소다. 5층탑을 비롯해 금당, 대사당(서원어영당)은 국보이고 강당 안의 불상 21구는 일본 밀교조각의 대표작들로서 모두 국보와 중요문화재로 지정돼 있다.

고보상의 거처였던 대사당 앞에는 일본의 '국민 작가' 시바 료타로司馬遼太郎(1923~1996)의 글 한 토막이 걸려 있다. 시바는 연말연시를 교토호텔에서 보내곤 했는데, 찾아오는 손님에게 꼭 대사당 앞에서 만나기를 청했다고 한다. 그렇게 하는 것이 '천년고도' 교토에 대한 예의일 것 같고 또 민중을 사랑한 고보상의 마음을 기리는 자세 같기도 했다는 소회가 적혀 있다.

불에 탔다가 다시 지어지기는 현대의 관문 교토역도 같은 운명이었다. 처음 교토 부근을 지나는 군수 목적의 역이었다가 1914년 근대적인 역사가 들어섰고, 1950년 화재(직원의 다리미 과열이 원인이었다고 한다)로 불타 다시 지었다고 한다. 지금의 교토에키비루는 정도 1200년을 기념해 지은 네 번째 교토역사이다. 지상 16층(지하 3층)에 높이 60m, 동서길이 470m의 거대한 위용을 자랑한다. 바로 뒤에는 고속버스터미널도 있어서 명실상부 교토의 관문 역할을 한다. 교통 기능은 물론 호텔, 백화점, 유흥시설 등이 들어선 복합상업건물이다.

건축적으로 교토에키비루의 가장 큰 특징은 두 가지. 4천 장의 유리로 둘러싼 빌딩에서 교토 시내를 한눈에 조망할 수 있도록 만든 공중 경로 스카이웨이, 그리고 일본 전통 건축양식의 하나로 천장이 없는 실내계단 '후키누케'이다. 171개의 실내계단은 높이 50m에 가로 폭이 150m에 달하는 규모로 콘서트와 이벤트 무대로도 활용한다. 16층의 옥상까지는 에스컬레이터로 이동한다. 후키누케 주위에는 각종 식당과 상점, 극장, 미술관 위락시설 등이 들어서 있다.

이 건물의 건축가는 하라 히로시. 오사카 우메다스카이빌딩(1993), 홋카이도 삿포로돔(2001) 등을 지은 건축가이다. 그는 '문'을 모티브로 삼아, 문(건물) 안으로 길이 지나가고, 문루(건물 옥상정원과 스카이웨이) 위에서 교토 시내를 조망할 수 있도록 했다. 선정 당시 당선자는 "교토는 역사에로의 문이다. 교토역 건축 전체는 이 짧은 문장의 형상화이고 싶다"라며 포부를 밝혔지만, 건축이 시작될 당시에는 많은 역사문화학자, 시민단체 등으로부터 "교토의 역사 경관을 해친다" "교토 시내를 분단하는 장벽이다"라는 거센 비판을 받기도 했다. 새 교토역사 건축 공모 당시 유력한 후보의 하나였던 안도 다다오 안 역시 고대 교토의 관문인 라쇼몬羅生門을 재해석한 것이었는데, 심사위원들은 하라 안을 "역사관광도시로서 보다 미래지향적인" 것으로 받아들였다.

오늘날 교토를 처음 방문하는 사람들은 대부분 교토에키비루의 전체 규모를 의식하지 못하고 지나친다. 볼거리 많은 고대 역사문화 도시에 와서 빌딩 구경에 시간을 투자할 사람은 그리 많지 않을 것이다. 그래서

교토역 내부 전경. 사진 가운데로 옥상까지 150m에 이르는 천장 없는 계단이 보인다.

교토역 공중경로에서 바라본 교토타워와 교토 시내. 사진 오른쪽(동쪽) 히가시야마 산줄기 끝에 기요미즈데라 절이 있고, 왼쪽(서쪽) 끝이 아라시야마 유원지 방향이다. 타워 오른쪽 높은 산은 교토의 주산인 히에이잔.

교토역 북쪽 광장에서 바라본 교토역 전경. 거대한 규모의 건물이 동서로 길게 놓여 있어서 "도시를 남북으로 갈라친다"는 비판도 받는다.

도지 5층탑이 고대 교토를 상징하듯이, 교토역사 '교토에키비루'가 현대 교토를 대표할 수 있다는 생각은 하지 못한다. 필자가 처음 교토에 왔을 때 도시샤대학의 한 교수님이 "교토역을 꼭 한번 둘러보라"고 권유했는데, 시간이 지나고 나서야 그 말뜻을 이해하게 됐다.

교토에키비루에서 도지 5층탑을 바라보노라니 필자가 한국인이기 때문일까. 1238년 몽골군에 의해 불탄 뒤 다시 지어지지 못한 황룡사 9층탑의 운명이 언뜻 뇌리를 스쳐간다. 우리의 황룡사 9층탑은 다시 세워질 수 있을까?

지금 대한민국이 "돈이 없고 가오가 없어서" 못 짓는 건 아닐 터이다. 한류의 물결이 세계를 넘실대는 오늘, 중국인이 보면 장안長安(현재의 시안)의 대안탑大雁塔 같고, 일본인이 보면 도지 5층탑 같았을, 장안과 헤이안쿄 사이의 '천년고도' 서라벌의 우뚝한 랜드마크를 보고 싶다. ◇

도지	교토시 미나미구 구조초 1
	toji.or.jp
교토에키비루	교토시 시모교구 히가시시오코지초 901
	kyoto-station-building.co.jp

2. 교토의 뒷길 京都の裏道

도시의 속살, 실핏줄처럼 연결되는

교토라는 역사지도에서 절과 신사를 지우면 무엇이 남을까? 아마도 오롯이 길通(일본어로 도리)이 두드러질 것이다.

시조도리四条通처럼 천몇백 년 전부터 있던 길이 지금도 있는가 하면, 가와라마치도리河原町通처럼 17세기 강변의 빈민가가 교토 최대의 대로가 된 길도 있다. 이런 큰길들 사이에 오랜 역사를 간직한 작은 길들이 소멸과 생성을 거듭하며 교토라는 고도의 실핏줄을 이루고 있다. 많은 것들이 무분별하게 사라져버린 인류사 속에서 그래도 이만큼 길이 역사를 간직하고 있는 도시도 드물 것 같다.

교토를 여행하는 사람이라면, 아마도 최소 한 번 이상은 걷게 되는 곳이 시조가와라마치四条河原町 네거리 일대이다. 동서로 가로축을 이루

시조도리 동쪽 끝 야사카신사에서 바라본 기온거리. 보이지 않지만 길 끝의 시조대교를 건너면 시조가와라마치네거리가 나온다. 교토에서 가장 번화한 쇼핑타운이다.

는 시조도리 길과 남북으로 세로축을 이루는 가와라마치도리 길이 만나는 시조가와라마치 네거리는 150만 인구의 세계적인 관광도시 교토의 최대 번화가이다. 시조가와라마치 네거리를 기점으로 전통적인 상업도시 교토의 뒷길을 거닐어 보자.

©Basile Morin

야사카도리에서 본 호칸지 5층탑

천년고도라고 해서 많은 사람들이 교토를 황족과 구게公家(귀족 계급), 부케武家(사무라이 계급)의 정치 도시로 알지만, 안을 들여다보면 조닌町人(도시 상인)과 마치슈町衆(거상)들이 활약한 경제도시의 얼굴이 나타난다. 옛 교토는 정치권의 상층 지배계급과 경제권의 중간층 상인계급이 길항을 거듭하며 내실이 발전한 도시였다.

시조가와라마치네거리 동쪽은 가모가와강변의 유흥가이고 서쪽은 길게 뻗은 상점가이다. 이 시조도리 북쪽에 '교토의 부엌'이라고 하는 니시키錦시장이 있고, 시장 동쪽 입구에서 북쪽으로 뻗은 길이 신쿄고쿠新京極길이다. 신쿄고쿠도리와 나란히 남북을 달리는 길은 데라마치寺町라고 한다. 이 두 길이 교토 도심의 전통적인 상점가이자 관광타운이다. 시조도리와 니시키시장은 무려 1300년 이상의 역사를 간직하고 있고, 데라마치는 16세기 말 도요토미 히데요시 때, 신쿄고쿠는 19세기 말에 탄생한 비교적 역사가 짧은(?) 길이다.

이 길의 상점가는 공통적으로 아케이드 형태를 하고 있다. 전통상점들이 백화점 등 대형마켓에 맞서기 위해 형성했다고 한다. 보기에 따라 소상인들이 스크럼을 짜고 거인을 포위하고 있는 듯도 하고, 말 탄 장군 같은 백화점을 따라 작은 상점들이 대열을 짓고 있는 것 같기도 하다.

시조도리는 교토가 수도가 되기 이전부터 이 지역에 터를 잡고 있던 신라도래계 하타씨 일족의 대로였다(길을 뜻하는 한자 路는 일본어로 '지'라고 읽는다. 한국어 '길'의 남부 방언은 '질'이다). 시조도리 서쪽 끝을 지키고 있는 마쓰오다이샤松尾大社 신사는 '술의 신사'로 유명한데, 본래는 하타씨의 씨사氏社(일본어로는 우지샤)였다. 길 동쪽끝을 지키는 기온거리의 야사카신사는 앞에서 말한대로 고구려계 도래인의 신사이다. 고대 일본에 불교가 들어와 절들을 세울 때 북쪽 산림지대에서 목재를 벌목하고 운반하는 일을 고구려 도래계가 맡았다. 일본 조정이 이들에게 내준 일종의 중간 수송역참이 야사카신사 일대였다고 한다. 이 '고구려촌'에는 호칸지法觀寺라는 큰 절이 있었는데 지금은 46m 높이의 장대한 목탑만 남아 당시의 규모를 짐작케 하고 있다. 오늘날 야사카탑으로 불리는 호칸지 5층탑은 그 우뚝한 높이와 아름다운 자태 때문에 기온관광의 인증샷에 빠지지 않고 들어가는 명물이다. 옛날에도 전란 중의 군대가 제일 먼저 깃발을 꽂아 시민들에게 교토입성을 알렸을 만큼 교토 동쪽의 관문이었다. 이런 내력을 보면, 신라계와 고구려계가 손잡고 이 일대를 "말아먹던" 때가 이 거리의 기원인 셈이다. 중세의 내란 이후에는 도시틀이 황궁이 있는 상경과 서민들이 주로 사는 하경으로 나뉘어졌는데, 이 시조도리 길이 하경의 중심축이었다.

'교토의 부엌' 니시키시장의 유래도 재미있다. 본래는 세간살이를 팔던 시장통인데 어느 효심깊은 승려의 똥 때문에 발음이 비슷한 '똥거리'가 되었다가 이를 불쾌하게 여긴 덴노가 이름을 비단(니시키)로 바꾸었다는 전설을 가지고 있다. 그러나 실제로는 세간살이시장이 비단시장이 된 뒤, 깨끗한 지하수가 흐르는 이 일대에 생선장수와 채소장수가 모여들면서 시장의 주 종목이 어시장으로 바뀌게 되었다고 한다. 17세기 초부터 식재료상으로 이름나기 시작해 지금껏 교토시민들에게 "비싸도 혼모노本物(진짜)는 니시키"라는 시장의 명성을 400년째 이어가고 있다.

교토의 관광쇼핑타운 신쿄고쿠상점가. 개설 150주년을 맞은 2022년 모습이다. 데라마치상점가에서 바로 연결된다.

니시키시장. 길이 약 390미터에 길폭은 3~5미터. 진열대가 있는 점포도 많아 실제로는 더 좁게 느껴진다. 점포수는 약 130개로 백년 이상 업력의 노포가 부지기수라고 한다.

니시키시장의 이정표 구실을 하는 니시키텐만구신사. 이 신사 앞에서 신쿄고쿠新京極거리가 교차한다.

니시키시장의 역사에서 빼놓을 수 없는 인물은 화가 이토 자쿠추伊藤若冲(1716~1800)이다. 청과물가게 장남으로 태어난 자쿠추는 가업을 동생에게 넘겨주고 평생 독신으로 살며 시장통의 생선과 야채를 소재로 그림을 그렸다. '니시키거리의 거사錦街居士'를 자처한 자쿠추의 대표작 「도쇼쿠사이에動植綵絵」(동물과 식물을 비단에 그림)는 일본의 국보이고, 열반에 든 부처를 무로, 스승을 둘러싼 제자들을 배추 등 각종 채소로 묘사한 유머넘치는 「가소네한즈果蔬涅槃図」(야채열반도)는 니시키시장을 지키는 묘진明神(현실에 나타난 신) 같은 작품이다. 그의 시장통 그림들은 아마도 세상에서 가장 비싼 야채와 생선 그림일 것이다.

니시키시장이 있는 니시키고지길 동쪽 끝 니시키텐만구錦天滿宮신사에서 북쪽으로 뻗은 신쿄고쿠는 메이지유신 후 황궁이 도쿄로 옮겨가면서 침체해진 교토 경제를 부양하기 위해 1872년부터 조성된 '신흥상가'였다. 상점에 이어 소극장 시바야와 미세모노見世物(각종 구경거리로 장사하는 곳) 등이 들어오면서 '신新' 번화가의 면모를 갖추었다. 교토는 일본영화의 발상지이기도 한데, 일본 영화흥행산업이 이 신쿄고쿠에서 발흥했다. 교토 토박이들에겐 "촌티나는" 여행객들이나 가는 시큰둥한 거리였지만, 150여 년이 지난 지금은 전세계에서 관광객들이 찾아오는 명소이다.

데라마치는 도요토미 히데요시가 교토 방어를 위해 쌓은 토성 옆으로 교토의 절들을 몰아넣는 바람에 생긴 거리 이름이다. 처음엔 세금 징수와 군사시설 활용이 목적이었다가 점차 절 앞으로 상권이 형성되었고 근대에는 고서점과 화랑들이 밀집했다. 도시 중심가의 위상을 잃은 지 오래지만, 여전히 교토 문화의 한 축을 담당한다. 신쿄고쿠와 밀접한 구간은 아케이드상가로 이어져 관광객들이 즐겨 찾는 쇼핑타운을 이루고 있다.

데라마치와 오이케도리 길이 만나는 곳에 교토시청이 자리하고 있다. 교토시청을 기준으로 서쪽 일대는 교토의 원도심 같은 동네이다. 이 지역은 옛 황궁 자리인 교토고엔공원과 막부의 정청인 니조성 사이이다. 서울로 치면 경복궁 좌우의 북촌이나 서촌 같은 동네다. 내친김에 이 동

16세기부터 상권이 형성된 데라마치상점가. 지금도 관광객들의 쇼핑 명소이다.

네까지 돌아보자. 신마치도리新町通길을 가운데 두고 무로마치도리室町通와 니시토인도리西洞院 길이 나란히 남북으로 함께 달린다.

교토가 내란으로 폐허가 된 뒤 다시 재생하는 과정에서 상경과 하경의 경계가 된 2조 남쪽에 서민 중심으로 새로 생긴 동네가 '신新' 마치였다. 전쟁이 끝난 후 신마치 길에 모여든 상인들은 각 품목별로 동업조직인 '마치자町座'를 조직해 배타적인 상권을 형성했다. 특히 장사가 잘된 3조, 4조, 7조 신마치의 상인들은 자신들을 '마치비토町人'(마을 사람)로, 그 밖의 상인을 '사토조닌里商人'(시골 장사꾼)으로 차별했다. 교토가 상인의 도시였다는 것은 길 이름에서도 나타난다. 교토 가미교구의 도시샤대학과 교토교엔 서쪽 옆에 동서로 달리는 상, 중, 하 세 개의 다치우리도리立売通라는 길이 있다. 다치우리는 우리말로 노점상이다. 교토의 귀족과 무사계급이 주로 모여 사는 상경에 살길이 막막한 서민들이 들어와 길가에서 좌판을 펴고 장사를 한 것이 기원이다. 보호받을 길 없는 다치우리들이 조직한 마치자(동업조합)가 길 이름으로 남게 된 것이다. 원래는 조닌들의 동네인 하경에도 다치우리가 있었으나, 막부를 등에 업은 점포상인들의 위세에 밀려 자취를 감추게 되었다고 한다. 그래서 하경에는 다치우리 길이 없다. 이 역시도 교토가 상인의 도시였다는 것을 역설적으로 증언하는 '길의 역사'이다.

역사가 얽힌 교토의 길 하나를 참고로 덧붙인다면, 원도심 길 무로마치室町도리다. 역사가들은 가마쿠라鎌倉막부와 에도江戸(오늘날의 도쿄) 막부에는 모두 막부가 위치한 도시의 이름을 붙이면서, 교토의 막부정권만은 예외로 두고 있다. 아무리 실권이 없다 해도 덴노의 교토를 막부 이름으로 감히 쓸 수가 없었던 것이다. 그래서 무로마치막부만 쇼군의 처소(하나노고쇼花の御所)가 있던 이 동네 이름에서 따왔다. ◇

니시키텐만구	교토시 나카교구 나카노초 537	kyoto-nishiki.or.jp
신쿄고쿠상점가	교토시 나카교구 사쿠라노초 438-1	shinkyogoku.or.jp

3. 기온 祇園
도시의 오랜 주인장을 방문하러 나서다

해마다 여름 교토에서는 7월 한 달 동안 기온마쓰리 祇園祭 축제가 열린다. 2022년은 코로나19로 중단된 지 3년 만에 다시 열린 터라 더욱 기대를 모았다. 기온마쓰리의 꽃은 야마보코 山鉾 순행. 악대를 앞세우고 수십 명의 수레꾼과 소리꾼이 화려한 '야마'(가마)를 끌고 거리를 행진한다(요즘은 바퀴가 달려 있다). 자기 가마만의 특색을 상징하는 '보코'(장대)를 높이 매달기도 한다. 보통 마쓰리는 신사가 주관하지만, 기온마쓰리의 이 야마보코 순행은 기온시장의 동업조합 격인 기온어령회가 이끈다. 9세기께 역병 퇴치를 기원하며 시작된 마쓰리답게 높은 장대에 날카로운 칼을 매단 장도보코를 선두로 야사카신사를 출발한 수십 대의 야마보코가 긴 행렬을 이루며 자신들의 영업장이자 생활공간인 마치 町

매년 7월 열리는 기온마쓰리의 야마보코 행렬. 마치슈들의 전통 어린 축제다.

를 돌며 그들만의 유대를 다짐하고 과시한다. 기온어령회의 부상들 같은 부유한 조닌町人을 교토에서는 예로부터 '마치슈町衆'라고 불렀다.

8세기 말 교토가 계획도시로 건설될 때 사방의 길로 구획된 거주지역을 '마치町'(우리말 마을의 고어 '마실'과 관계가 있다)라고 했다. 이 마치가 상업이 발전하면서 사람들이 장사하는 길을 중심으로 재편돼 '료가와마치両側町'가 되었고, 길 양쪽에서 마주보며 장사하는 사람들 사이에 '한 동네'라는 유대감이 생겨났다. 특히 15세기 중엽 일어난 10년에 걸친 내란인 '오닌의 난'으로 교토가 폐허가 되다시피 했을 때 이들은 '다치우리立売'(노점. 오늘날에도 지명으로 남아 있다)를 하며 간신히 삶을 도모하게 되었다. "믿을 건 자신뿐"이게 된 상인들이 동업점포조합인 '자座'와 자치활동조직인 '마치구미町組'를 조직했다. 이 자와 마치구미를 토대로 형성된 상인계층이 마치슈이다. 이들 마치슈야말로 교토의 실질적 주인이다. 잦은 화재와 전란으로 여러 차례 잿더미가 되었던 교토를 부흥시킨 주역도 마치슈였다.

마치슈들이 무역, 금융, 포목, 직조, 염색, 도자기업 등에서 활발한 상공업 활동을 벌이며 교토 경제에 활력을 불어넣자 교토는 빠르게 경제발전을 이룩했다. 18세기 무렵 교토의 니시진西陣 일대는 아마도 세계 최대 직물 생산지였을 것이다. 교토시 가미교구 호리카와이마데가와에 있는 직물박물관 '니시진오리西陣織회관'에 가면 당시의 대형 직조기를 비롯해 니시진 특산의 정교한 선염직물 제품을 구경할 수 있다. 신라 도래인 하타씨족의 비단짜기에서 시작된 교토의 직물산업은 오사카에 들어온 중국 비단기술을 흡수하면서 도약했다. 16세기부터 정권의 비호 아래 부흥기를 맞았고, 18세기에 이르면 직조소가 무려 5천 곳이 넘을 정도로 전성기를 이룬다. 이 무렵 교토 인구는 기록에 따르면 57만 7548명.[11] 당시 세계 기준으로도 손꼽히는 대도시였다.

---

11 하야시야 다쓰사부로, 『교토』, 이와나미신쇼.

니시진오리회관에 보존된 대형 직조기. 한때 교토의 직조소는 5천 곳이 넘었다.

시장통의 부유한 상인들 사회로 몰락한 귀족과 무사계급들까지 스며들면서, 막강한 경제력에 고전적 교양과 시서화詩書畵의 고급문예까지 갖춘, "지적인" 마치슈들이 속속 출현했다. 마침내 마치슈는 왕공 귀족과 막부 실력자 같은 상위계급과 '자세키'(잔치좌석)를 같이하는 교토의 부유한 중간계층을 가리키는 말로 '지위'를 높여갔다.

마치슈들의 접대 장소였던 스미야 요정은 놀랍도록 왕실 별궁과 닮아 있다.

교토시 시모교구에 있는 시마바라島原는 에도시대에 아게야(요정)가 밀집한 가가이花街(가무음곡을 동반해 주연을 펼치는 요정 거리)로 유명한 환락가였다. 현재는 '스미야角屋'라는 아게야만이 유일하게 남아서 '접대문화미술관' 간판을 달고 "손님을 맞고" 있다. 스미야 가옥은 일본 특유의 '모테나시(접대) 문화'를 엿볼 수 있다고 해서 중요문화재로 지정돼 있다. 스미야는 마치슈뿐만 아니라 황실과 막부 실력자들이 드나들며 시가, 음악, 연희를 벌인 호사스러운 연회장답게 당대 최고 수준의 격조와 화려한 내외장을 갖추고 있었다. 특히 스미야는 당시 상층 마치슈와 궁

정귀족간의 내밀한 교류를 보여준다고 할 만큼 황실의 별궁을 모방해 꾸며졌다. 스미야의 2층 방 미닫이문이나 창문틀의 미적 구성은 20세기 몬드리안 그림의 추상성을 이미 앞서간 듯한 인상을 주기에 충분하다. 미술과 디자인에 관심 있는 사람에게는 오래 머물며 관찰하고 싶은 '미술관'이다. 사진 촬영을 금지하고 있는 것이 아쉬웠다.

사상과 도덕의 측면에서도 마치슈 계층의 주체적인 자각이 일어났다. 정직·성실·검약으로 대표되는 일본 직업도덕의 배후에는 유학자 이토 진사이伊藤仁斎(1627~1705)의 고의학古義学과 이시다 바이간石田梅岩(1685~1744)의 심학心学이 있다. 목재상 집안에서 태어난 이토 진사이는 기존의 관념론을 비판하며 유학의 실천성을 강조해 주자학 근본주의에 질린 마치슈들의 환영을 받았다. 이토의 '열린 유교'는 란가쿠蘭学(네덜란드를 통해 일본에 들어온 유럽 지식 문화의 통칭), 의학 등 다양한 학문과 기술이 전개될 수 있는 토양을 일궈줬다.

마치슈 계층의 진정한 스승 이시다 바이간은 포목상 점원 출신으로 '인간다움이란 무엇인가'라는 화두 아래 일상생활에서 실천 가능한 도덕을 설파했다. 인간의 도리를 다하며 깨끗하고 정직한 이익을 추구한다는, 얼핏 형용모순 같은 그의 가르침은 마치슈들에게 위안이자 목표가 돼줬다. '세키몬신가쿠石門心学'라고 불린 그의 평민사상은 근대 일본의 상업윤리 형성에 적지않은 영향을 미쳤다.

이토 진사이의 고의당. 일본 실학의 발상지이다.

교토의 거상 스미노쿠라 료이 기념상. 그의 아들은 교토의 '메디치'로 활약했다.

스미야(오른쪽)가 있는 시마바라 골목 풍경

마치슈는 일본 대중문화 형성에도 기여했다. 가모가와강과 나란히 흐르는 다카세가와운하에는 스미노쿠라 료이角倉了以(1554~1614)라는 거

상의 기념상이 세워져 있다. 교토와 오사카를 잇는 수송로였던 다카세가와운하는 교토 경제성장의 중요한 한 축을 담당했는데, 스미노쿠라가

100% 자기 돈으로 만들었다. 료이의 아들 소안素庵은 르네상스 시대의 이탈리아 메디치 가문처럼 일본 근세의 '위대한 문화 후원자'였다. 서민들을 위한 유학 학교를 구상했고, 민간 출판의 대명사 같은 '사가본' 서적의 공급자였다. 그의 사가본 1호 출판이 사마천의 『사기』였다는 사실은, 마치슈를 비롯한 일반 대중의 교양 수준을 귀족 못지않게 끌어올리려 한 소안의 의지를 엿보게 한다.

소안과 같은 상층 마치슈의 문화활동은 일본 문화의 저변을 넓히는 촉매제 구실을 했다. 오늘날 일본 전통문화를 상징하는 다도, 화도(꽃꽂이), 정원 가꾸기 등의 생활문화와 노能(가무극), 가부키 같은 공연예술이 대중문화 장르로까지 확장된 데는 이 문화의 주 소비층이자 후원자였던 마치슈의 역할이 컸다.

이런 교토 마치슈로부터 막부 말기의 미쓰이 등 3대 금융재벌이 나오는가 하면, 일본 최초로 마치구미별로 초등학교를 짓고(1869년. 이후 각급 학교에 동네 이름이 붙는 계기가 되었다), 근대적인 여성 교육을 시작하고(1872년), 서양종교사상(기독교)을 이념으로 삼은 대학을 교토에 받아들인 것(1875년 · 도시샤대학)도 개방적이고 국제 흐름에 민감했던 마치슈의 요구가 있었기 때문이다.

오늘날 역사문화도시로서뿐 아니라 학문과 예술에서도 교토가 일본에서 손꼽히는 도시로 남을 수 있게 된 배경에는 천년왕실도, 막부 권력자도 아닌, '다치우리'에서 시작해 돈 많은 문화 후원자까지 된 '장사꾼' 마치슈들이 있었다는 사실은, 사마천이 「화식열전」(고대 중국 부자들의 전기)을 지은 동기와 함께 인간사의 큰 흐름 속에서 기억해둘 가치가 있다. ◇

기온마치	교토시 히가시야마구 기온마치 기타가와	
니시진오리회관	교토시 가미교구 다테몬젠초 414	
시마바라 스미야 문화미술관	교토시 시모교구 니시신야시키 아게야초 32	nishijin.or.jp
이토 진사이 고의당유지	교토시 가미교구 욘초메 197	
이시다 바이간 심학강사유적비	교토시 나카교구 누시야초	

4. 야사카, 후시미이나리, 기타노텐만구

八坂, 伏見稲荷, 北野天満宮

영험과 영업

일본 고유신앙의 사당인 신사神社(진자)는 한국· 중국과 일본을 구별 짓는 특징의 하나일 것이다. 한·중과 달리 일본의 지샤寺社(사사. 일본에서 절과 신사를 합쳐 부르는 말)는 여전히 도시나 마을 속에서 사람들의 일상생활과 밀접하게 닿아 있다. 과거 일본 제국주의가 민속신앙으로서의 신토神道를 황국사관을 위한 국가종교로 변질시키는 바람에 좋지 않은 이미지가 생겼지만(신사 참배 강요, 야스쿠니신사의 전범 합사 등), 신사를 섬기는 일은 보통 일본인에게는 수천 년을 이어온 오랜 전통관습이다.

신토에서 신사는 본래 조상신을 모신 사당이다. 전설상의 조상신이나 씨족 중에 신격화된 인물을 제신으로 삼거나 주신 없이 여러 신을 모시기도 한다. 모셔지는 쪽은 씨신氏神, 모시는 쪽은 씨자氏子, 모시는 장소는 씨사氏社인 것이 신사의 본래적 의미이다.

한편, 만물에 영혼이 있다는 애니미즘의 전통도 신사에 깊이 배어 있다. 흔히 일본에는 800만의 신이 있다고 하지만, 만신萬神의 뜻인 '요로즈가미万の神'('요로즈'는 우리말 '여럿'과 통하는 말이다)는 구체적인 숫자가 아니라 '모든 사물에 영이 깃들어 있다'는 의미이다. 흔한 광경은 아니지만, 신사 주차장에서 신관이 기계인 자동차에게 교통안전을 빌어주는 모습을 볼 수 있는 곳이 21세기 일본이다.

불교와 전통민속신앙이 융합한 신부츠슈고神仏習合(신불습합)의 영향으로 절과 신사의 구분이 옅어지고, 불교의 부처와 신토의 토속신들이 뒤섞여 공존하다 보니 하나의 신만을 믿는다는 생각이 오히려 이상한 관념처럼 여겨지기도 한다. 일본에서 데라(절)가 내세 담당이라면, 진자(신사)는 현세를 담당한다. 많은 일본인이 생일이나 결혼 같은 삶의 이벤트는 진자에서 하고, 장례식이나 제사 같은 음덕의 의식은 데라에 맡긴다.

일본 전역에 8만여 개가 있다는 신사는 각각이 모두 별개의 종교법인으로, 고객(신도 또는 시민)에게 복을 파는 좋은 의미의 '영업'을 통해 종교적 정체를 유지하고 있다는 것이 어쩌면 가장 현실적 관찰일 듯싶다. 시주함에 아예 '오카게사마おかげさま'(덕분에)라고 써놓은 것을 흔히 볼 수 있는 곳이 일본이다.

교토에는 400여 개의 크고 작은 신사가 있다. 그중 특히 인기가 있는

'야사카상'이라고 친숙하게 불리는 야사카신을 모시는 신사. 한 해 마지막 밤에 나쁜 기운을 태워 없애는 행사가 열린다.

신사로는 역병퇴치의 신을 모신 기온의 야사카八坂신사, 상업의 신을 받드는 후시미伏見의 이나리稲荷다이샤, 그리고 필자가 사는 동네인 기타노하쿠바이초의 기타노텐만구北野天満宮가 꼽힌다. 기타노텐만구의 신은 학문의 신이다.

무병장수의 신, 야사카신사

일본에서는 절이나 신사, 심지어 즐겨 찾는 가게를 '○○상'(○○씨)이라고 의인화해 친숙하게 부르는 관습이 있다. 교토시민에게 가장 친숙한 '신사님'을 한 분만 꼽으라고 한다면 아마도 기온시장의 '야사카상'이 첫손에 꼽힐 것이다. 일본에서 가장 오래되고 번화한 시장통인 시조거리의 동쪽 끝을 천몇백 년 전부터 이 신사가 지키고 있으니 그럴 만도 하다. 바로 앞 기온거리는 전통시장이자 대표적인 유흥가이다. 관광명소가 밀집해 있어 단체 여행객의 집합장소이자 출발점 역할도 한다. 야사카신사는 교토의 여름을 달구는 기온마쓰리를 여는 신사로 유명하지만, 선달그믐날 밤의 오케라마이리白朮詣(불놀이제사)도 시민들의 사랑을 받는 겨울축제이다. 해가 바뀌는 심야에 묵은 기운을 태워 없애는 화제火祭인데, 불씨를 집에 가져가 불을 붙이면 한 해를 무병무탈하게 보낼 수 있다는 믿음이 있다. 한밤중에 불붙은 줄을 빙빙 돌리며 가는 사람도 종종 볼 수 있다고 한다. 야사카신사가 제공하는 특별한 교토의 정월 풍경이다.

이 '야사카상'도 후시미이나리상처럼 한반도 도래계이다. 시조거리의 서쪽 끝을 지키는 마쓰오다이샤松尾大社신사는 하타씨족의 신사이고, 이 야사카신사는 고구려계 도래인이 세운 신사이다. 야사카신사의 신은 여러 번 바뀌었다. 토착신 스사노오노미코토가 '우두천왕牛頭天王'(역병퇴치의 신. 이 신은 일본에 정착한 고구려 사신이 춘천 우두산에서 모셔왔다는 설이 있다[12])이 되었다가 신부츠슈고의 영향으로 불교의 약사여래로 바뀌

12 上田正昭 감수, 芳賀徹 등 편, 『京都學을 배우는 사람을 위해』, 교가쿠샤

었고, 근대의 신불분리정책에 따라 다시 본래의 토착신을 모시는 신사로 돌아갔다. 그런데 토착신 스사노오노미코토는 고대 신라인이 신격화된 신이다. 돌고 돌아 원래대로 도래계 신이 되었으니 묘한 내력이다.

'장사의 신' 총본산, 후시미이나리다이샤

야사카상이 무병장수의 신이라면 후시미이나리의 '이나리상'은 장사의 신이다. 일본 신사 둘 중 하나는 이나리신을 모신다고 할 만큼 인기가

후시미이나리의 명물 센본도리이. 총연장 4km에 약 1만 개가 세워져 있다.

많은데, 교토 후시미구의 후시미이나리다이샤는 여우 형상을 한 전국 이나리신의 '대장' 격이다.

이 신사가 세계적인 관광지가 된 것은 '센본도리이 千本鳥居' 터널 때문이다. 신사를 상징하는 도리이(신사 입구에 세우는 기둥문)를 여러 개 세워놓고 그 사이를 지나가며 소원을 빈다는 센본도리이가 총 4km에 걸쳐 무려 1만여 개가 이어진다. 터널을 다 지나가는 데 2시간쯤 걸린다. 과연 상업의 신사 총본산다운 스케일이다. 도리이마다 그것을 바친 개인이나 회사 이름이 쓰여 있는데, 적지 않은 돈을 내야 한다. 그것도 일정 기간 지나면 시효가 끝나니 "영업하는" 입장에서는 1만 개의 마르지 않는 화수분을 가진 셈이다. 필자가 방문한 연말의 어느 날에도 한 도리이에 새로운 회사 대표 이름이 새겨지고 있었다. 신사가 기복의 전당임을 생각하면 이상하게 볼 일도 아니다. 게다가 교토는 신사와 절이 2천 개에 달하는 도시다. 이 풍습은 에도시대 때 장사복을 비는 상인들로부터 시작됐다고 하는데, 왠지 뒤에서 애써 웃음을 감추고 있는 신관들의 '계산속'이 어른거려서 필자도 웃음이 나온다.

후시미이나리신사는 역사적으로 우리와 친연성이 있는 신사이기도 하다. 고대 교토 지역에 들어온 신라계 도래인 호족 하타秦씨족(다른 장에서도 이야기할 기회가 있겠지만, 하타씨는 794년 교토가 수도로 건설될 때 이를 배후에서 지원한 숨은 주역이라고 할만큼 이 지역에 경제권을 갖고 있는 씨족이었다)의 씨사에서 출발했기 때문이다. 이나리신사는 점차 하타씨족의 가업이 농업에서 상업쪽으로 발전하면서 주신도 장사의 신으로 성격이 바뀌었다. '이나리'라는 신 이름도 '쌀이 난다'는 의미의 이네나리稲成(生)에서 나와 '쌀을 져나른다'는 의미의 이나리稲荷로 한자 표기가 바뀌었다. 생산의 신이 유통의 신으로 변모한 것인데, 농업에서 상업으로 활동영역을 확장한 하타씨족의 가업 변화와도 일치한다. 한국어를 모르는 일본인에게는 설명하기 어렵다.

공부의 신, 기타노텐만구

2023년 계묘년 새해(일본은 양력만 쓴다)에 찾아간 기타노텐만구신사는 하쓰모데初詣(새해 첫날 참배)를 하러 온 많은 시민으로 장사진을 이루고 있었다. 특히 이 신사는 학문의 신, 즉 공부의 신을 모시기 때문에 전국에서 수험생이나 학부모가 찾는 곳이라 학생과 청년이 많이 눈에 띄었다. 대학입시(1월 중순)를 앞두고 합격을 희망하는 학교 이름을 이 신사에 걸어두면 영험하다는 믿음 때문에 이미 수만 개의 에마繪馬(소원을 비는 부적)가 무수한 잎사귀처럼 걸려 있다.

기타노텐만구는 일본 전역에 산재한 약 1만 2천 곳에 달하는 '텐진天神상'의 총본사이다. 이 '기타노의 텐진상'은 스가와라노 미치자네菅原道真(845~903)라는 학자·시인·정치가이다. 그가 모함을 받고 유배지에서 죽은 뒤 교토에 화재, 역병, 낙뢰 등 재앙이 끊이지 않아 민심이 흉

새해 아침부터 하쓰모데를 하기 위해 많은 참배객이 기타노텐만구신사에 몰려든다.

후시미이나리신사에서 새해맞이를 앞두고 새 도리이를 바친 사람의 이름이 새겨지고 있다.

합격을 기원하는 부적을 걸고 간절히 기도하는 '수험생'

흉했다고 한다. 그래서 그를 사지로 내몬 후지와라 가문이 947년 이곳에 스가와라의 혼령을 달래기 위해 신사를 지은 것이 기타노텐만구의 유래이다. 이후 근세기에 들어와 텐만구 신사가 서당을 대신할 때 교실에 걸린 스가와라 그림이 교육열 높은 농민들에게 깊은 인상을 주면서 기타노텐만구의 '텐진상'이 학문의 신으로 등극하게 됐다고 한다.

여우 형상을 한 이나리신의 동상

기도 차례를 기다리는 줄이 길게 늘어서 있는데도 '장시간'(?) 기도에 정신을 쏟는 젊은이가 보였다. '삼수생'쯤으로 여겨졌는지 뒤에서 기다리는 여성이 조금 사정을 봐준다는 표정이었다. 한국에서 왔다는 젊은이 두 명도 만났다. 공시를 준비 중이라며 합격 소원 에마를 산다.

잔뜩 걸린 부적 더미 속에서 한국 이름과 기타 외국 이름도 제법 눈에 띄는 것을 보니, 텐진상의 영검은 이미 세계화의 물결을 타고 있는 것 같다.

기타노텐만구는 해마다 2월 매화축제가 열릴 만큼 매화가 유명하다. 그래서인지 오모이노마마라는 꽃말을 가진 품종의 매화나무 가지에 '오모이노마마思いのまま'(생각한 대로)라는 글귀를 매달아 1천 엔(1만 원)에 팔고 있었다. 스가와라의 상징꽃이기도 한 매화 가지에 "생각한 대로 꽃을 피울 것"이란 암시를 담았으니 참으로 기막힌 발상이자 상술이 아닐 수 없다. 필자도 오모이노마마 한 가지를 사들고 경내를 돌며 세상의 모든 청년을 위해 '뜻한 대로 이루소서'를 외어주었다. ◇

기타노텐만구	교토시 가미교구 바쿠로초	kitanotenmangu.or.jp
후시미이나리다이샤	교토시 후시미구 후카쿠사 야부노우치초 68	inari.jp
야사카신사	교토시 히가시야마구 기온마치 기타가와 625	yasaka-jinja.or.jp

5. 가모가와강 鴨川

역사와 함께 흐른 교토인들의 동반자

교토에는 가모가와鴨川 강이 흐른다. 한강처럼 큰 강은 아니지만 교토의 "산 좋고 물 맑은" 자연을 대표하는 강이다. 고대에는 '세미瀨見'(우리말 샘 혹은 샘물과 관계있을 것이다)라는 이름의 작은 시내였다는 강은 1200여 년 전 사람들이 물줄기를 틀면서 교토의 역사에 등장했다. 본래 자연하천이지만, 794년 교토가 계획도시로 세워질 당시 도성 내 범람을 막기 위해 하천 공사를 벌여 물 흐름을 바꿨다는 학설이 있다. 그때의 건축물은 지금 하나도 남아 있지 않지만, 이 '인공'의 강만은 자연이 되어 교토의 숱한 인간사를 지켜보며 오늘도 유유히 흐르고 있다.

가모가와는 교토 동쪽을 병풍처럼 두른 히가시야마東山산 36연봉과 더

©Toshiyuki IMAI

가모가와강의 야경. 교토의 여름 명물, 등을 단 노천식당 노료유카가 강변에 늘어서 있다.

불어 교토에 '산자수명처山紫水明處'(산빛이 곱고 강물이 맑은 곳)라는 명성을 안길 만큼 풍경이 아름답다. 벚꽃과 단풍이 강을 물들이는 봄가을, 강폭이 좁고 수심이 얕아 물고기잡이와 아이들 물놀이터가 되어주는 여름철까지 오늘날 교토시민이 가장 사랑하고 아끼는 산책길이다. 한국 사람에게는 '압천鴨川 십릿벌에/ 해는 저물어…. 저물어…. / 날이 날마다 임 보내기/ 목이 잠겼다…. 여울 물소리…'로 시작되는 정지용의 1923년 작 시 〈경도 압천京都 鴨川〉으로도 친숙하다.

교토 물류를 담당했던 다카세가와운하의 현재 모습. 주변은 오늘날에도 교토의 메인 유흥가로 남아 있다.

가모가와강 서쪽에는 강을 따라 10km 정도를 나란히 흘렀던 운하 유지遺址가 남아 있다. 다카세가와高瀨川 운하는 지금은 수운水運 기능을 다했지만, 근대 초까지 교토 경제의 부흥을 이끈 견인차 노릇을 했다. 잔뜩 물건을 싣고 오사카를 오가는 예인선(다카세부네)의 성업으로 화물주는 물론 상인과 관리, 일꾼과 여행객을 상대로 한 여관, 술집이 밀집하면서 운하 일대는 교토 최고의 유흥가가 됐다. 오늘날에도 이 일대는 여전히 교토 여행객들의 '밤의 1번지'이다.

산조대교에서 바라본 하류 쪽 가모가와강. 오른쪽 녹색 지붕 건물은 폰토초 가부키극장

"역사는 흐른다"라는 말을 실감하며 가모가와 강변을 걸어본다. 자연이 있고, 사람이 있고, (히)스토리가 있는 산책이다. 가모가와강의 북쪽 기점이라고 할 시모가모下鴨神社 신사 삼각주에서 출발한다.

가모대교 위에서 북쪽을 바라보면 왼쪽에서 가모가와賀茂川, 오른쪽에서 다카노가와高野川가 흘러와 합쳐진다. 이곳부터 이 강을 가모가와鴨川라 부른다. 특이한 점은 상류의 가모가와賀茂川와 합쳐진 뒤의 가모가와鴨川가 발음은 같지만 한자가 다르다는 점이다. 왜 같은 가모가와를 다른 한자로 표기하는지는 '나도 잘 모른다'가 일본인의 정답이다.

여하튼 이곳 삼각주에는 고대 신화를 간직한 시모가모신사와 여름철 중고 책 시장이 열리는 다다스노모리糺の森 숲이 있어 시민들의 쉼터가 되어준다.

가모가와에는 도시부에 13개의 다리가 걸려 있다. 북쪽 가모대교에서 남쪽 시오고지 다리까지 약 5km에 가까운 강변공원이 이어진다. 다리를 기준으로 보면 2조대교에서 5조대교 사이의 강 서안이 가장 번화한 길과 만난다. 3조와 5조 다리는 근세 교토의 실질적인 건설자인 도요토미 히데요시 때 생긴 것이고, 4조는 마치슈들이 자신들의 경제력으로 건설한 '민간자본'의 다리가 시초였다.

기야마치木屋町는 다카세가와운하 주변을 따라 형성된 유흥가이다. 먹고 마시고 노는 집이 죄다 모여 있다고 할 수 있다. 화물이 모이고 흩어지는 선착장 동네였던 만큼 목재, 간장, 쌀, 술 등의 '돈야問屋'(전문도매상)와 창고, 전당포들이 즐비했고, 정기적으로 교토를 오가야 하는 지방 영주들의 집도 들어섰다. 시장 속에 숨는다는 말이 있듯이 온갖 사람이 오가는 기야마치 일대는 막부 말기에는 유신 지사와 낭인 사무라이의 은신처이자 활개장이었다. 사카모토 료마, 가쓰라 고지로 같은 '걸물'들의 사적을 곳곳에서 볼 수 있다.

기야마치의 여러 명소 가운데 관광객과 교토의 젊은이들에게 가장 인기 있는 곳은 아마 폰토초先斗町일 것이다. 3조와 4조에 걸쳐서 강과 운

폰토초의 밤 풍경. 좁은 골목에 술집과 음식점들이 빼곡히 코를 맞대고 있다. 종종 게이샤도 볼 수 있다.

하 사이에 들어선 하나마치花街(환락가)였는데, 지금도 수많은 술집과 음식점들이 좁은 골목에 코를 맞대고 있다. 게이샤(기생)가 나오는 고급 요정도 있어서, 딸각딸각 게다 소리를 내며 걸어가는 게이기芸妓(예기)나 마이코舞妓(무기)의 모습을 지금도 볼 수 있다.

기온거리의 가부키극장 미나미자. 가모가와 강변촌 가모가와라는 서민예술의 탄생지였다.

한자로 선두先斗라고 쓰고 '폰토'라고 읽는 희한한 지명은 선단先端을 뜻하는 스페인어 'punto'가 본래 의미에 가장 가깝다고 한다. 포르투갈이나 스페인 선교사를 통해 유럽 문물과 접촉을 시작한 일본 풍속사의 한 조각이다.

에도시대의 교토 그림 「라쿠쇼라쿠가이즈洛中洛外図」(낙중낙외도)에 등장하는 가모가와강 천렵 모습

강변식당 '노료유카納涼床'는 교토의 여름 명물이다. 다리를 높이 받쳐 강 쪽으로 돌출시킨 옥외 마루(유카) 위에서 강변 풍경을 즐기며 식사할 수 있도록 한 식당이다. 가족과 연인들이 노료유카를 향해 강변을 걸어가는 야경은 교토를 상징하는 수많은 표현물에 단골로 등장한다. 보통 5월에서 10월 말까지 문을 여는데 2023년 현재 87곳의 가게가 영업 중이라고 한다. 강가에 걸상이나 탁자를 놓고 음식과 술을 파는 노천주점 가와도코川床의 일종인 노료유카는 17세기부터 형성됐다고 하는데, 홍수와 태평양전쟁 등으로 한때 철폐됐다가 1950년대부터 영업이 재개됐다고 한다. 야간영업은 2000년부터이다.

이 밖에 도요토미 히데요시가 세운 산조대교三条大橋는 일본 근세 목조다리 건축의 원형을 볼 수 있는 건축물이다. 가모가와 강변 풍경을 카메라에 담기 좋은 포토존이다. 구리를 씌운 다리 난간의 보주宝珠 장식에 선명하게 남아 있는 칼자국은 격동의 혁명기에 쫓고 쫓기던 사무라이들의 운명을 보는 듯하다.

가모가와의 역사에 빼놓을 수 없는 것은 '민중의 광장' 가와라河原(강변의 모래톱 지대. 빈민, 기층노동자, 피차별 부라쿠민 등이 모여 살았다)이다. 절과 신사에 예속돼 노역을 제공하며 이곳에 모여 살던 천민노동자들은 '가와라모노河原者'라 불리며 천대받았지만, 이 '가와라 것들' 사이에서 일본 예술사의 한 페이지를 장식한 유수의 예인이 배출됐다. 특히 일본의 2대 전통예능이라고 하는 노가쿠能楽와 가부키歌舞伎는 가모가와강 가와라의 시바야芝屋(소극장 또는 가설무대)에서 탄생했다고 해도 과언이 아니다.

17세기 초, 도쿠가와 이에야스가 막부를 에도로 옮겨가자 교토에는 묘한 해방의 분위기가 감돌았다. 권력의 공백 지대에 변화를 원하는 사람들이 모여들었다. 가모가와라 일대 유흥가로 모여든 광대, 춤꾼, 노래패들 사이에서도 새로운 창작의 기운이 넘쳐났다. 이들은 가와라 일대에 무대를 가설하고 "서푼짜리" 공연을 올렸다. 이들 연희꾼들 가운데서 노能의 대가가 나왔고, 동해 바닷가 이즈모에서 온 무녀 오쿠니阿国가 처음으로 가부키를 춘 곳도 이곳, 가모가와라였다. 오늘날에도 유명한 기온거리의 가부키극장 미나미자南座의 '가오미세'(새로 교체되는 배우가 얼굴을 소개하는 행사)는 오쿠니에 대한 후세의 오마주이다.

노가쿠의 대성자 제아미世阿弥(1363~1443)는 "34~35살 무렵까지 '천하의 인정'을 받지 못하면 끝"이라고 후배, 제자들을 다그쳤다. 이때의 '천하 인정'은 쇼군 같은 권력자가 내려주는 '명인' 칭호가 아니다. 제아미가 말한 '천하의 인정'은 가모가와라의 시바야에서 터져나오는 관객의 박수갈채 소리다. 일본 서민예술의 꽃은 이들 가와라의 예인들과 그들의 공연에 기꺼이 돈을 낸 교토 조닌常人(일반인)들의 합작품이었다.

가모가와에는 왕조와 지배자의 역사만 흐른 것이 아니었다. 이처럼 민중의 역사도 흘렀다. 가와라모노뿐 아니라 피차별 부라쿠민들과, '숨은 혁명가'들이 새로운 세상을 꿈꾼 곳이기도 했다. 훗날 교토가 피차별 해방운동의 중심이 되고, 근대 민권사상과 사회주의 운동의 온상이 된 것도 가모가와강의 잊을 수 없는 역사이다. ◇

가모가와노료유카	교토시 나카교구 마쓰모토초 489
	kyoto-yuka.com
미나미자	교토시 히가시야마구 시조도리 나카노초 198
	shochiku.co.jp/play/theater/minamiza

6. 고산지, 사이묘지, 진고지 高山寺, 西明寺, 神護寺

고찰들을 둘러싼 삼나무숲에 흐르는 물소리

교토시 서북쪽 교외 다카오高雄는 트레킹 명소이다. 이곳 사람들이 '산비三尾'라고 부르는 3개의 산(도가노오산, 마키노오산, 다카오산) 사이로 '맑은 골짜기 시냇물'이라는 뜻의 기요타키가와清滝川가 청아하게 흐른다. 천변을 벗어나면 쭉쭉 뻗은 파이프오르간 같은 삼나무들이 고요를 연주한다. 산기슭에는 천년고찰들이 자신의 히스토리를 들려준다. 유서 깊은 사찰과 아름다운 자연의 변주로 이어지는 이 하이킹코스는 교토시가 정비해놓은 자연 숲길(동해자연보도)과 트레킹코스(교토 일주 트레일)와도 겹치면서 사계절 모두 걷기 마니아의 사랑을 받고 있다.

교토역에서 버스로 1시간 거리인 다카오에서 걷기를 하려면 도가노오버스정류장에서 시작하는 것이 좋다. 바로 옆에 고산지高山寺(세계문

고산지대에서 흘러내려온 맑은 기요타키강을 따라 조성된 삼나무 숲길. 마치 파이프오르간을 연주하는 고요한 음악 속을 걷는 듯하다.

화유산) 절이 있고 500~600m 간격으로 사이묘지西明寺와 진고지神護寺가 자리잡고 있다. 이 절들은 일본 최초의 무사 정권인 가마쿠라막부 시대(1185~1333)의 건축물과 소장품 등을 합쳐서 무려 1만 점이 넘는 문화유산이 있다는 곳이다. 마치 시간을 일본 중세기로 돌려놓은 듯한 이 절들을 '순례'하고 나면 본격적인 '숲길 걷기'가 시작된다.

보통 코스는 고산지 절에서 강 하류 쪽 버스정류장이 있는 기요타키 마을까지의 6.5km 구간이지만, 시간과 체력이 되는 분은 기요타키에서 일본철도(JR) 사가노선 호즈쿄保津峡역까지 걷는 긴레이케金鈴渓 계곡 구간(약 3.5km)을 더하면 좋다. 긴레이케 골짜기는 영화나 드라마 촬영지로도 자주 이용될 만큼 경치가 수려하다. 도중에 마음을 바꿔 도롯코

고산지를 상징하는 마름모꼴 진입로 부석도

관광열차를 탈 수도 있다. 짧은 일정으로 많이 걷기가 어렵다면, '산비의 세 산사'만 돌아보는 것도 하나의 훌륭한 관광코스이다. 특히 고산지는 우리나라 고승 원효元曉(617~686)와 의상義湘(625~702)을 '사표'로 삼은 절이어서 친숙한 인연을 느끼게 하는 절이다.

도가노오버스정류장에 내리면 바로 뒤가 고산지 후문이다. 버스길을 되돌아 얼마쯤 내려가면 절 진입로가 나온다. 이 절의 심볼이라 할 만한 마름모꼴의 부석을 밟으며 경내로 들어서면 삼나무와 적송 사이로 높이 선 금당이 눈에 들어온다. 774년 창건된 고산지는 1206년 묘에明惠(1173~1232)라는 승려가 덴노의 비호 아래 화엄종 절로 재건했다. 9살에 절에 들어온 묘에 상인上人은 '일생불범'(승려 계율의 하나. 일생 이성 접촉이 없는 것을 뜻한다)의 청정 비구로서 황실과 막부, 일반 민중 등 전 계층에 걸쳐 공경을 받은 일본 중세의 손꼽히는 수도승이다.

고산지에는 금당을 비롯한 여러 전각이 있지만, 절을 대표하는 건축물은 묘에가 거주했던 세키스이인石水院(일본 국보)이다. 툇마루에 앉아 시원한 기요타키의 강바람을 쐬며 잠시 참선에 빠져볼 수 있는 고요한 선방이다. 세키스이인이 소장한 최고 명품은 「조주진부쓰기가鳥獣人物戲画」(조수인물희화·일본 국보로, 진품은 박물관에 있다)이다. 원숭이, 토끼, 개구리 등 동물을 의인화해 인간 세상을 풍자한 13세기 두루마리 그림이

고산지 절의 선방 세키스이인. 자기 그림자를 따라 도는 듯한 선재동자상이 인상적이다.

세키스이인에 전시된 13세기 두루마리 그림 「조주진부쓰기가」의 한 장면. 일본만화의 원조로 세계적으로도 유명하다. 전시 중인 그림은 복제본으로, 진품은 교토박물관에 있다.

다. 일본이 왜 애니메이션 왕국인지 "역사적으로 여실히 입증하는" 듯하다. 박물관에 가 있어 볼 수 없었지만 원효와 의상의 일화를 그린 「게곤슈조시에덴華厳宗祖師絵伝」(화엄종조사회전 · 국보. 1223~1228년 제작 추정)도 명작이라고 한다.

두 신라 화엄종 고승을 흠모한 묘에가 당시 전란으로 남편과 가족을 잃은 여성들을 교화하기 위해 이 두루마리 그림책을 만들었다. 의상 편(4권)은 의상 대사와 중국 여성 선묘 낭자의 전설을, 원효 편(3권)은 해골 물을 마시고 깨침을 얻은 대사가 왕비를 치유한 이야기를 소재로 한다고 한다. 특히 원효 편은 그림에 대사를 넣어 만화 '말풍선'의 원조처럼 이야기되기도 한다.

의상과 선묘 낭자 이야기는 부석사 창건(676) 설화로 『삼국유사』(1281)에도 등장한다. 묘에는 이 이야기를 중국에서 편찬된 『송고승전』(988)에서 가져왔다고 한다. 고산지는 15세기에 그려진 원효와 의상의 초상화도 소장하고 있다는데 비공개라 볼 수 없었다.

고산지는 또 묘에가 선물받은 중국 차씨로 일본에서 처음 차를 재배한 곳으로도 유명하다. 세키스이인 옆에 "일본 최고最古의 차밭"을 재현해 놓고 있다. 다카오에서 생산되는 차를 다른 차와 구별해 '혼차本茶'(진짜 차)라고 할 만큼 자부심이 높았다고 한다.

고산지에 있는 묘에상인의 그림(국보) 속에는 그에게 귀의한 새들이 그려져 있는데, 동시대의 이탈리아 가톨릭 성인인 아시시의 성프란체스코(1181 또는 1182~1226) 그림에도 그의 설교를 듣는 새가 등장한다.[13] 이것이 인연이 되어 1986년 교황 요한바오로 2세의 축복 속에 아시시의 성프란체스코교회와 고산지가 '형제사원'이 됐다고 한다. 고대 한국 불교의 두 고승이 '스승'이고, 중세 유럽의 가톨릭 성인과는 '형제'가 되었으니 이만큼 동서양을 아우르는 사원이 따로 없을 것 같다.

고산지를 나와 다시 기요타키강을 따라 걸어 내려가면 붉은 다리 건너편에 사이묘지가 있다. 9세기 초 창건된 절로 도쿠가와막부 시대에 재건됐다. 석단 아래에서 위로 올려다보게끔 지은 산문이 아주 고풍스럽다. 문 옆에는 수령 700년의 노송나무가 천왕상처럼 서 있다. 절 앞 다리 아래 시내는 여름에는 물놀이로, 가을에는 단풍으로 유명한 곳이다.

사이묘지에서 천변을 따라 걸어서 다카오바시 다리를 건너면 진고지 절 안내판이 보인다. 진고지는 고산지와 사이묘지의 본찰로 일본 진언밀교의 성지로 추앙받는 큰 사찰이다. 9세기 이전에 처음 세워졌다는 이 절에는 일본 국보 17점과 2833점의 중요문화재가 있다고 한다. 문화재의 보고 같은 곳이다. 관광객에게는 400여 개의 돌계단을 헉헉대며 올라가야 절에 들어갈 수 있다는 것이 유일한 불만(?)일 것이다. 광대한 경내에 자리잡은 여러 전각이 한결같이 웅장하고 아름답다. 일본 고대

---

13 조토 디본도네, 「작은 새에게 설교하는 성프란체스코」.

사이묘지 전경

의 3대 범종 중 하나라는 진고지의 종(일본 국보 · 제작 875년)은 백제계 도래인 후손이 만들었다.

절 안쪽 가장 높은 곳에서 내려다보는 다카오산 긴운케錦雲渓 계곡 풍경도 장관이다. 일본에는 맑은 날 높은 곳에 올라 찻잔 등 작은 질그릇을 아래로 던져 공중에 나부끼는 모습을 보며 행운을 점치는 '가와라케나게かわらけ投げ'라는 전통놀이가 있는데, 이곳이 그 발상지라고 한다. 전망대 옆 가게에서 작은 그릇을 파니 하나 사서 던져보는 것도 관광의 즐거움일 것이다.

금당에서 내려다본 진고지 경내

진고지 구경을 마치고 다시 400계단을 내려와 기요타키바시 다리를 건너면 본격적인 트레킹코스가 펼쳐진다. 굽이굽이 꺾어지는 시냇물과 마치 줄을 맞춰 심은 듯한 삼나무숲길이 번갈아 이어지는 아름다운 경치가 발걸음을 더욱 상쾌하게 해준다. 종착지인 기요타키 마을까지 넉넉잡고 1시간 30분 정도 코스다. 이곳 '기타야마스기北山杉' 삼나무는 교토 특산품이다. 고산지에서 차로 10여 분 더 북쪽으로 올라가는 나카가와 지역이 기타야마스기의 주산지라고 하는데, 가와바타 야스나리의 소설 『고도古都』의 무대로 유명하다.

교토의 기타야마스기는 수직으로 곧게 뻗고 마디가 없어 최고의 목재로 꼽힌다. 30여 년의 긴 시간과 손길을 요하는 목재산업이다. 교토가 잦은 화재와 전란으로 건물이 소실돼도 두 번, 세 번 다시 지을 수 있었던 데는 이런 양질의 목재가 있었기 때문이란 생각도 든다.

삼나무숲길을 나와 친카바시 다리를 건너면 다시 천변길이다. 피곤을 느낄 참이면 잠시 냇가로 내려가 발을 담그고 시원한 바람 속에 '벤또'(도시락)를 까먹는 재미도 맛볼 수 있다. 강에서 벗어나 임도를 걸으면 긴레이쿄 다리가 보인다. 냇가에서 바비큐와 물놀이, 낚시를 즐기는 사람들이 북적대는 것을 보면 마을이 가까웠음을 알 수 있다. 다리를 건너 바로 버스를 타러 가도 되지만, 다리를 건너지 않고 관광객을 위한 식당과 주점 등이 있는 작은 마을을 지나보는 것이 좋다. 거기서 도엔바시 다리를 건너 비탈길을 조금 올라가면 '산비 하이킹'의 종착지 기요타키버스정류장이다. ◇

고산지	교토시 우쿄구 우메가하타 도가노오초 8	kosanji.com
사이묘지	교토시 우쿄구 우메가하타 마키노오초 1-1	saimyoji.or.jp
진고지	교토시 우쿄구 우메가하타 다카오초 5	jingoji.or.jp

7. 비와코소스이 琵琶湖疏水

공학의 길, 철학의 길을 닦다

교토시 히가시야마東山 기슭의 고찰 난젠지南禅寺. 전철 게아게역蹴上駅에서 내려 네지리만포ねじりまんぽ(붉은벽돌통문)를 통과하면 난젠지 경내다. 가을이면 만산홍엽이다. 일본인이 좋아하는 가부키歌舞伎 극 「산몬고산노키리楼門五三桐」의 무대가 이 난젠지로, 주인공인 대도적 이시카와 고에몬石川五右衛門은 절의 누문에서 아래를 내려다보며 "절경이로세, 절경이로세"라고 외친다.

난젠지의 상징이 된 이 감탄사로 인해 오늘날에도 절에 꽃이 피고 단풍이 드는 철이면 전국에서 구경을 온다.

그 난젠지 앞에도 교토시민이 즐겨 찾는 명소가 있다. 난젠지 진입로 한편에 선류船溜(배를 띄우는 물길)와 수로가 보이고 반대쪽은 선류와 연결된 폐철길이다. 고저차 약 36m, 길이 582m의 긴 오르막 철길을 벚나무들이 뒤덮고 있어 젊은이들 사이에 '사진발' 좋기로 이름나 있다. 기모노로 한껏 멋을 내고 사진을 찍는 젊은이들 사이로 인클라인(화물차를 끌어올리고 내리기 위해 만든 경사철도)을 걸어 오르면, 꼭대기 부근에 수력발전(옛 게아게발전소)과 정수시설 등이 보이고, 큰 벚나무 아래 한 젊은 청년의 동상이 서 있다. 오늘 이야기의 출발점이다.

지금까지 등장한 시설에 터널 등을 합친 인공시설을 이곳 사람들은 '비와코소스이琵琶湖疏水'라고 부른다. 비와코琵琶湖(비파호)는 교토 동북쪽에 있는 일본 최대의 담수호, '소스이疏水'(소수)는 관개나 수력발전을 위해 만든 산업용 인공수로를 가리킨다. 즉 물류유통과 용수 공급은 물론 수력발전 등에 이용하기 위해 비와코 호숫물을 끌어와 만든 수자원 시설이다. 지금으로부터 139년 전인 1885년 착공해 1890년 완공된 비와코소스이는 이후 교토 부흥의 결정적인 전기가 됐다.

일본 근세인 에도시대부터 교토 사람들은 교토와 비와코 사이에 동해-교토-오사카를 잇는 물길을 만들고 싶어 했고, 당대의 거상 스미노쿠라 료이가 실제 공사를 벌여보겠다고도 했다. 그러나 산을 지나야 하는 당시 기술상의 어려움과 막대한 비용 때문에 이뤄지지 못했다. 그런 불가능을 가능하게 한 것이 '비와코소스이 건설계획'이었다. 이 미증유의 계획을 입안하고 총지휘한 사람은 당시 교토부지사 기타가키 구니미치北垣国道(1836~1916), 공사감독은 토목기사 다나베 사쿠로田辺朔郎(1861~1944)였다. 바로 동상의 주인공이다.

다나베가 공사감독에 임명됐을 때 그의 나이 불과 만 23살이었다. 공대工部大学校(현 도쿄대 공학부의 전신) 졸업논문으로 '비와코소스이 건설계획'을 제출했는데, 이 논문을 본 기타가키가 그를 교토로 "모셔 와" 교토부 전체 예산의 2.5배, 연인원 400만 명이 투입된 일본 최대의 토목공사를 맡겼다.

다나베는 당시 일본에서 가장 긴 2.4km의 터널을 뚫을 때 난공사 구간 양쪽에 최장 47m의 수직갱도를 파고 들어가 터널을 연결하는가 하면, 미국에서 수력발전 성공 소식이 들려오자 곧바로 미국에 건너가 직접 기술성공을 확인한 뒤 자신이 계획한 수차발전방식을 과감히 버리고 미국의 수력발전방식을 받아들였다. 그렇게 그가 건설한 '게아게발전소'는 미국에서 목격했던 아스펜의 수력발전소보다 발전 능력이 4배가 큰 것이었다.

다나베 동상에서 정수장을 끼고 난젠지 경내로 이어지는 수로가 있다. 물소리를 들으며 천천히 걷노라면 붉은 벽돌의 거대한 아치형 수로각이 눈에 들어온다. 옛 로마시대 수로를 연상시키는 이 수로각은 지금도 여전히 물을 운반하는 기능을 수행하고 있다.

처음에는 사찰 풍경을 해치는 이질적인 서양 건축물이었겠으나, 한 세기가 넘는 세월 동안 사찰 경관에 녹아들면서 지금은 일본에서도 손

비와코소스이기념관에서 바라본 게아게선류장과 수로. 가모가와강으로 이어지는 수로는 봄가을 아름다운 나들이길이 된다.

당시나 지금이나 보기 드문 경사철도, 인클라인은 젊은이들의 포토존으로 사랑받고 있다.

꼽히는 아름다운 근대유산이 되어 있다. 이 수로각도 많은 사람이 기념 사진을 찍고 가는 곳이다.

난젠지 삼문三門을 지나 사찰을 나오면 선류장 위에 '비와코소스이 기념관'이 있다. 기념관 아래 수로터널 입구에 '낙백년지몽楽百年之夢'이란 글귀가 보인다. 기타가키 지사가 소수 건설계획에 반대하거나 비관적인 사람들을 설득하기 위해 쓴 글씨와 편지 등에 찍은 낙관문이라고 한다. "후세를 위해 백년대계의 꿈을 함께 꾸자"는 그의 호소가 지금도 물소리가 되어 흐르는 듯하다.

비와코소스이가 건설되기 전 교토는 쇠락 일로에 있었다. 1867년 메이지 유신 이태 뒤인 1869년 덴노가 교토에서 도쿄로 옮겨가자, 교토는 10여 년 만에 인구가 3분의 1이 줄었다. 방직, 염색, 도자기 등 교토의 경제를 지탱하던 전통산업과 상점들이 소비처를 잃고 위기로 내몰렸다. "여우와 사슴이 사는 곳이 되려는가"라는 한탄의 소리가 높았다.

이때 기타가키 등 소수의 선각자는 교토의 부흥은 오직 산업화와 도시의 근대화에 있다고 보았고, 그 동력을 비와코소스이 건설에서 찾았다. 이처럼 교토의 근대 역사는 덴노의 천도에도 굴하지 않은 스스로의 재생 노력에서 시작됐다. 이후 2차 소스이 건설까지 총연장 35km로 완성된 비와코소스이는 '천년고도' 교토를 근대적인 도시로 탈바꿈시켰다. 덴노가 옮겨간 도쿄보다 먼저 도시 전차를 선보였다. 도시는 다시

인구가 늘기 시작했고, 떠나간 상점이 돌아오고 새로운 산업시설이 들어왔다. 오늘날 교세라, 닌텐도를 비롯한 교토의 첨단산업도 멀리는 비와코소스이가 있었기에 가능했다. '기적의 빛' '생명의 물' 등 기념관의 찬사는 후손들이 비와코소스이 건설자들에게 바친 헌사이기도 하다. 기왕에 기념관까지 들렀다면 소스이건설에 관한 짧은 기록영화도 보고 가길 권한다.

비와코에서 온 물이 선류장에 도착하는 '낙백년지몽' 터널.

난젠지 안의 비와코소스이 수로각. 지금도 물이 힘차게 흐른다.

사람들은 교토를 천년 역사의 세계적인 역사문화관광도시라고 쉽게 말한다. 세계문화유산이 17개나 되니 어쩌면 당연하다. 그러나 도시는 역사유적이기 이전에 당대의 생활지이다. 그 어떤 박물관 같은 도시도 사람이 살기 힘들면 실패한 도시다. '가미가타上方'(임금이 있는 곳)를 자부했어도 경제적 활력을 잃자 사람들이 떠나고, 임금이 없어도 살림살이가 좋아지자 다시 사람들이 모여든 이치다. 천년고도는 그렇게 재생과

교토 동쪽 야마시나 구간의 소스이. 3.3km의 풍광 좋은 산책로가 조성돼 있다.

부흥의 길로 들어섰다. 오늘날의 '세계적인 역사문화 도시 교토'는 조상들이 남겨놓은 문화유적으로 이뤄진 미명의 공중누각이 아닌 것이다.

난젠지 삼문에서 나와 오른쪽으로 꺾어지면 긴가쿠지(은각사)로 이어지는 소로로 갈 수 있다. 철학자들이 산책하며 사색을 즐겼다고 하여 '철학의 길'이라는 근사한 이름이 붙은 길이다. 이 소로는 비와코소스이 지류를 따라 조성됐다. 가을이 깊어 단풍이 짙을 때, 철학의 길에서

다나베 사쿠로의 동상

시작하여 비와코소스이 길을 걸어보려 한다. 다나베 동상을 전후로 수로각에서 인클라인까지, 체력이 허락한다면 수로를 따라 교토의 중심부를 흐르는 가모가와강 근처에 있는 기타가키 동상까지…. 철학의 길을 낳은 이 길을 나는 '공학의 길'이라 불러주고 싶다. ◇

비와코소스이기념관	교토시 사쿄구 난젠지 구사가와초 17
	biwakososui-museum.city.kyoto.lg.jp
난젠지	교토시 사쿄구 난젠지 후쿠치초 86
	nanzenji.or.jp

8. 유신의 길 維新の道

혁명의 무대에 오르다

현대 일본의 초석이 된 메이지유신明治維新(1867). 교토는 그 무대였다. 왕정이냐 막부냐, 개화냐 외세 배격이냐의 대의와 명분을 걸고 벌어진 20여 년에 걸친 대활극. 그때 교토는 혁명의 도시였다. 혁명의 활극이 대하드라마처럼 펼쳐진 곳이기에 사건도 많고 등장인물도 많고 이야기도 극적이다. 150년도 더 지난 일이지만 도시 곳곳에 지금도 생생한 어제의 일인 듯 그 흔적이 '근대유산'의 이름으로 후손과 외국 관광객에게 역사교육 겸 관광자원이 돼주고 있다.

메이지유신이 한 편의 영화라면 주인공은 크게 세 부류이다. 혁명 주체인 '유신 지사'들, 그 반대편의 도쿠가와 막부 그룹, 그리고 일본 덴노

도쿠가와 막부가 왕정복고를 결정한 니조성

메이지가 있다. 영화가가 역사에 충실하다면 결국 이 셋을 둘러싸고 이야기가 전개되지 않을 수 없다.

교토의 대표적인 번화가이자 환락가인 기온의 야사카신사 뒤편 마루야마공원 일대는 늘 사람들로 붐비는 관광명소이다. 인기 높은 소로 '네네의 길'에서 '니넨사카'으로 넘어가는 도중에 고다이지高台寺 절을 끼고

히가시야마로 오르는 비탈길이 보인다. '유신의 길維新の道'이다. 그 길을 걸어 오르면 왼쪽에 신사가 있고 오른쪽에 기념관 건물이 보인다. 신사에는 메이지유신 과정에 투신했다가 죽은 지사들의 무덤과 위패가, 기념관 '료젠霊山역사관'에는 그들의 이야기가 전시돼 있다. 교토에 온 한국인이라면 이곳을 피해 가선 안 된다. 쓰라리지만 일본 혁명의 파고에 뒤집힌 조선, 그 허망한 대한'제국'이 있었으므로.

메이지유신 전문 기념관인 료젠역사관

료젠역사관은 막부 말기와 메이지유신에 걸쳐 활약한 인물들에 관한 전문전시관이다. 일본의 세계적인 실업가 마쓰시타 고노스케松下幸之助(1894~1989)가 주도해 1970년 문을 열었다. 기념관을 둘러보고 나서 든 생각이지만, 료젠역사관은 마쓰시타의 '애국심' 위에 서 있다. "자랑스러운" 유신의 영웅들 옆에 정권을 덴노에게 돌려준 마지막 쇼군 도쿠가와 요시노부, 유신파에 맞서 싸우다 장렬하게 죽은 히지가타 도시조 등, 이를테면 역사의 승자와 패자를 다 같은 '일본의 영웅'으로 기념하

마루야마공원의 사카모토 료마와 나카오카 신타로 동상

고 있다. 관람객을 맞는 첫 인물이 가쓰 가이슈勝海舟(1823~1899)인 것도 인상적이다. 그는 신정부군의 사이고 다카모리와 목숨을 건 협상을 통해 일본의 내란을 막고 에도(지금의 도쿄)를 파괴 일보 직전에서 구한 막부의 신하였다.

역사관 2층 한쪽엔 마쓰시타의 작은 입상과 함께 「일본의 마음」이란 글이 걸려 있다. "메이지유신의 대업을 완수한 것은 20~30대의 젊은 이들"이었다며 일본 청년들에게 '일본의 마음日本の心'을 잊지 말 것을

당부하는 글이다. 마쓰시타에게 일본의 마음은 "여러 외국으로부터 우수한 인재와 문화를 받아들여 그것을 일본에 맞는 기술로 배양시킨 전통"이다.

료젠역사관 맞은편 교토료젠호국신사는 원래 사카모토 료마와 그의 동지 나카오카 신타로의 무덤 자리인데, 메이지덴노의 명으로 '호국' 신

여관 데라다야의 '료마의 방'. 유신지사들을 목숨 걸고 도왔던 여주인 오토세는 신으로 모셔져 있다.

사카모토 료마가 암살당한 가와라마치거리의 옛 오미야 자리

사가 세워졌고, 유신지사 300여명의 무덤, 1356명의 위패가 놓여졌다. 나중에는 교토부 출신으로 태평양전쟁 때 전몰한 7만3천여명의 위패까지 합사되면서 도쿄의 야스쿠니신사와 더불어 간사이 지방의 대표적인 '현충사'가 되었다.[14]

---

14 묘역 끝 부분에는 도쿄 전범 재판 당시 일본의 무죄를 주장했던 인도인 펄 판사의 현창비가 세워져 있다. 펄 판사 송덕비는 도쿄 야스쿠니 신사에도 세워져 있으니 일본이 이 비를 세운 의도는 물어볼 필요도 없을 것이다. 사실 보통 일본인들은 펄 판사 기념비가 있는 지조차 잘 모르지만, 한국인이라면 이곳에 가봐야 할 이유가 여기에 있다.

사카모토 료마는 원수지간이던 사쓰마번과 조슈번을 동맹시켜 막부 타도의 결정적인 길을 열었고(결국 이 일로 막부파에게 암살당했다), 쇼군에게 '통일 일본'을 위해 정권을 덴노에게 반환하고 의회를 통해 정치에 참여할 것을 권한 '선중팔책'으로 유명하다. 시바 료타로의 인기소설에 힘입은 바 큰 명성이지만, 아무튼 영화로 치면 각본, 감독 겸 주인공 같은 인물이다.

일본에서 료마의 인기가 얼마나 높은지는 그가 머물렀던 여관의 여주인이 신의 반열에 오른 데서도 실감할 수 있다. 교토 남쪽 후시미구에 있는 관광명소 데라다야寺田屋는 료마가 자객을 피해 구사일생한 여관이다. 이곳은 료마 개인기념관이나 다름없는데, 마당에는 목숨의 위험을 무릅쓰고 유신 지사들을 도왔다는 여주인 오토세가 '묘진明神'(영검 있는 신의 존칭)이 됐음을 알리는 표지석이 서 있다.

료마가 절친한 친구이자 혁명 동지인 나카오카 신타로와 함께 암살당한 곳은 기온 거리에서 그리 멀지 않은 나카교구 가와라마치河原町거리의 간장가게 오미야近江屋이다. 자객의 칼(나중에 발견돼 료젠역사관에 전시돼 있다)을 세 번 맞고 절명했는데, 왕정복고가 선포되기 불과 한 달 전이었다. 오래전에 사라진 오미야 자리에는 가게들이 들어서 있고 앞 길에 료마가 죽은 곳임을 알리는 표지석이 세워져 있다. 시조四条 가와라마치 네거리와 인근 다카세가와高瀬川 운하 일대는 교토의 가장 번화한 쇼핑타운 겸 유흥가다. 가모가와 강변의 야경이 아름답다.

1917년 순종이 메이지 무덤에 참배하러 왔다가 묵은 조라쿠칸

유신의 주역들과 더불어 이 대하드라마를 이끌고 나간 조연이 있다. 집단이 아니라 개인의 무게로만 치면 수많은 유신파 인물을 압도하는 면이 있는 마지막 쇼군, 히토쓰바시(도쿠가와) 요시노부德川慶喜(1837~1913)이다. 덴노에게 먼저 정권 반환의 뜻을 밝히고, 이후 혁명이 유혈극이 되지 않도록 애썼다는 점에서 후세 일본인들의 높은 평가

를 받고 있다. 그가 신하들과 상의 한마디 없이 경천동지할 결심을 세상에 알린 니조성二条城(막부의 집무처. 세계문화유산)도 그래서 빼놓을 수 없는 역사의 무대이다. "가까이서 보면 바위투성이지만, 멀리서 보면 후지산 같은 영봉"이라는 드라마틱한 인물평이 이 사람에게 붙어 있다.

유신의 길에서 가와라마치 일대를 거쳐 니조성까지는 하루에 돌아볼 수도 있지만, 이곳은 좀 먼 곳에 있다. 교토 남쪽 후시미구에 거대한 산처럼 자리잡고 있는 메이지덴노의 무덤, 후시미모모야마릉伏見桃山陵이다. 이 무덤은 일본 무덤으로는 특이하게 봉분을 쌓고 시멘트로 덮었다. 당시에는 시멘트 봉분이 특별한 지존에 대한 특별한 예우였는지 모르겠지만, 지금의 시각에서 보면 왠지 그로테스크한 풍경이다. 메이지덴노明治天皇(재위 1867~1912)은 황후와 함께 메이지유신이라는 대하드라마의 배경 같은 역할이다. 아무것도 직접 한 정치는 없지만, 거의 모든 정치가 그의 이름으로 제기되고 수행되고 찬양되었다. 메이지 부부는 이 '우상'의 역할을 더없이 지엄하면서도 자상한 이미지로 완벽하게 연기해냈다. 만약 이 드라마가 무성영화라면, 남녀주연상은 당연히 이 부부의 몫일 것이다.

거대한 왕릉은 아무런 표지도 장식도 없었다. 바라보기도 아득한 230개의 계단 아래로 망자가 묻히길 원했다는 마음의 고향, 교토가 멀리 내려다보일 뿐…. 메이지릉을 내려오며 생각해본다. 자기 혁신에 성공한 일본은 응분의 보상을 받았고, 실패한 조선은 처절한 대가를 치렀다. 역사는 본래 마음이 없다. 역사에 마음을 새기는 것이 인간이다.

유신의 길에서 내려와 기온 거리로 나가기 위해 야사카신사 쪽으로 걸어가면 한 근대 서양식 건물과 마주친다. 조라쿠칸長楽館. 길이 영화를 누리자며 이토 히로부미가 이름을 지었다는 근대 일본의 유명한 영빈관이다. 1917년 망국의 '황제' 순종이 메이지 무덤에 참배하기 위해 교토에 와 이곳에 묵었다. 그는 메이지에게 절하면서 무슨 생각을 했을까. ◇

료젠역사관	교토시 히가시야마구 세이칸지 로젠초 1
	ryozen-museum.or.jp
데라다야	교토시 후시미구 미나미하마초 263
	ja.kyoto.travel/tourism/single01.php?category_id=8&tourism_id=940
니조성	교토시 나카교구 니조초 541
	nijo-jocastle.city.kyoto.lg.jp
후시미모모야마릉	교토시 후시미구 모모야마초 고조산

3 교토명정순례

교토 산책길에서 빠지면 섭섭할, 이름난 교토의 정원 12선

교토 명정 12선

일본어에서 정원庭園은 고대에 식물채집지를 뜻하는 '니와庭'와 울타리 쳐진 경작지를 뜻하는 '소노園'가 합쳐진 말이다. 이 니와와 소노가 집 안으로 들어와 제사 장소가 되고, 점차 유락遊樂(놀며 즐김)과 예술적 관상의 장소로 변해갔다.

이 고대 일본 정원은 대륙에서 들어온 불교, 도교사상과 융합하면서 특유의 "정신과 자연이 결합된" 자연풍경식 정원으로 발전해 가게 된다. 선종사원에서는 돌과 모래를 주로 하는 가레산스이가 탄생하였고, 권력층이 된 사무라이계급 사이에서는 웅장하고 호화로운 서원정원이 만들어졌다. 부유한 중간계급으로 성장한 마치슈계층에서는 다도를 결합시킨 다정茶庭과 노지露地(다실의 뜰)를 탄생시켰다. 정치권력을 무사

계급에 빼앗긴 왕실에서는 고급 문화살롱으로서 가쓰라리큐나 슈가쿠인리큐같은 귀족적 미의식을 투영한 궁정별장이 지어졌다. 이런 다양한 정원의 형태는 점차 서민들에게도 전해져, 정원은 근대 이후 계층에 관계없이 가장 일본적인 생활건축문화의 하나로 자리잡게 되었다. 일본에서 정원은 "만들 때까지가 4할, 이후 유지관리가 6할"이라는 말이 있을 정도로 일종의 현재진행형 예술행위로까지 높여진다.

교토는 천년고도라는 말답게 일본에서도 특히 수많은 명정들이 있다. 고대 헤이안시대의 유적에서 근현대에 지어진 정원에 이르기까지 종류와 형태도 무척 다양하다. 앞장에서 따로 소개한 유명한 정원들 외에도 교토 곳곳엔 숨겨진 보석 같은 정원들이 정말 많다. 그 가운데 필자가 가본 곳 중 12개 정원을 골라 소개한다. 교토여행에 도움이 되기를 바란다.

1. 도후쿠지東福寺 방장 핫소노니와八相の庭
2. 히가시혼간지東本願寺 쇼세이엔渉成園
3. 다이토쿠지大徳寺 료겐인龍源院
4. 묘신지妙心寺 타이조인退蔵院
5. 난젠지南禅寺 곤치인金地院
6. 루리코인瑠璃光院
7. 교토고쇼京都御所

다음 절들은 몬제키사원(황자나 황녀, 귀족 자제가 주지가 된 절)들이다. 절이라기보다는 왕족이 거처하는 거소의 성격이므로 사용자 개인의 취향이 비교적 강하게 반영되어 있다.

8. 닌나지仁和寺 교쇼정원御所庭園
9. 만슈인曼殊院
10. 쇼렌인青蓮院
11. 짓소인実相院
12. 다이고지醍醐寺 산보인三宝院

도후쿠지東福寺 핫소노니와八相の庭

근대의 대표적인 정원예술가 시게모리 미레이重森三玲(1896~1975)가 1939년 조경한 도후쿠지의 방장 정원은 20세기의 걸작으로 꼽힌다. 방장 4면을 정원이 둘러싼 형태로 '핫소노니와八相の庭'(팔상의 정)이라고 부른다. 남쪽의 남정은 거석으로 물결을 묘사한 가레산스이정원, 서쪽과 북쪽 정원은 '이치마쓰모요'(바둑판 무늬)의 정원으로 유명하다. 동정은 석조로 북두칠성을 묘사한 '북두의 정'이다. 도후쿠지 탑두(절 안의 절) 료긴안龍吟庵(용음암) 방장의 서쪽 정원은 흰모래와 검은모래로 조성된 진귀한 가레산스이이다.

©minato kaidou

도호쿠지의 이치마쓰모요 무늬 정원

도후쿠지	교토시 히가시야마구 초메-778 혼마치 15	tofukuji.jp

히가시혼간지東本願寺 쇼세이엔涉成園

쇼세이엔은 교토역 앞의 거대한 절 히가시혼간지에 딸린 지천회유식 정원이다. 근대 역사가이자 문인인 라이산요賴山陽가 '쇼세이엔 13경'을 지었을 만큼 빼어난 풍취를 자랑한다.

약 1만 6백평의 부지에 크고 작은 2개의 연못과 여러 동의 다실, 불당, 서원 등으로 구성되어 있는 드넓은 정원이다. 1936년 "문인 취향이 넘치는 사찰정원"이란 평가를 받으며 국가명승으로 지정되었다. 교토 도심에 있어 접근하기도 쉬우니 꼭 구경하기를 추천한다. 연못에 드리운 교토타워를 볼 수 있는 '유일한' 곳일지 모른다.

쇼세이엔 정원의 연못 인게쓰지, 그리고 멀리 또 가깝게 보이는 교토타워

쇼세이엔	교토시 시모교구 히가시타마미즈초
	higashihonganji.or.jp/about/guide/shoseien

다이토쿠지 大德寺 료겐인 龍源院

비공개가 많은 다이토쿠지 탑두 중 공개 중인 정원 중에는 다이센인과 더불어 료겐인 龍源院이 빼어나다. 중요문화재인 본당을 둘러싸고 남, 동, 북쪽에 각기 다른 개성의 가레산스이 정원이 있다. 료긴테이 龍吟庭는 다이토쿠지에서 가장 오래된 선정 禪庭으로, 16세기 대예술가 소아미의 작품으로 전해진다. 동쪽의 도테키코 東滴壺 정원은 1960년에 만든 현대의 걸작으로, 일본에서 가장 작은 석정 石庭으로 꼽힌다. 한 방울의 물이 대해를 이룬다는 철학을 담고 있다.

료겐인	교토시 기타구 무라사키노 다이토쿠지초 82-1	daitokujidaijiin.com

묘신지 妙心寺 타이조인 退蔵院

묘신지의 가장 큰 매력은 여러 탑두들이 지닌 정원미에 있다. 우선 일본 국보 그림 「효넨즈 瓢鮎図」(표점도)의 소장처로 유명한 타이조인 退蔵院은 화가 가노 겐신 元信이 지은 가레산스이 정원이 있다. 타이조인의 요코엔 余香苑은 현대에 지은 것으로 연꽃이 가득한 연못을 거닐도록 꾸며져

일본에서 '가장 작은 석정'으로 꼽히는 료겐인의 도테키코 석정

묘신지 탑두 도카이안의 매화

있다. 샘 밑에 병을 묻어 아름다운 소리를 내도록 고안된 수금굴水琴窟이 매력적이다.

비공개일 때가 많아 보기 힘든 교쿠호인玉鳳院(옥봉원) 서쪽의 도카이안東海庵(동해암)에는 2개의 명정이 있는데, 방장 남쪽 정원(사적명승)은 돌과 모래만으로 된 가레산스이의 원형을 간직하고 있다.

묘신지	교토시 우쿄구 하나조노묘신지초 1	myoshinji.or.jp

난젠지南禅寺 탑두 곤치인의 방장 정원은 '학과 거북의 정원'으로 불린다. 유명한 작정가 고보리 엔슈小堀遠州의 작품 가운데 조성기록(1632)이 있는 유일한 정원이다. 모모야마시대의 풍격을 간직한 17세기 초의 대표적인 가레산스이 작품으로 당대부터 명성이 높았다.

곤치인의 '거북이의 섬'

방장 전면은 신선이 사는 봉래산, 흰 모래는 신선이 타고 다니는 보물선과 바다를 상징한다. 바다 위에는 거북이와 학의 섬이 있고 그 사이에

직사각형의 커다란 요배석이 놓여 있다. 고보리 엔슈의 '진작眞作'이란 점을 염두에 두고 꼼꼼히 살펴볼만한 가치가 있는 정원이다.

곤치인	교토시 사쿄구 난젠지 후쿠치초 86-12	nanzenji.or.jp

루리코인 瑠璃光院

교토 히에이잔 케이블카 야세八瀨역 앞에서 왼쪽으로 맑은 시내를 따라 걸어 올라가면 근대 일본정원 루리코인瑠璃光院을 만날 수 있다. 야세 계곡은 고대부터 귀족과 무가 계급의 휴식처로 사랑을 받아온 곳이다.

©Luka Peternel

루리코인 2층 다실. 검은 칠 평상 위로 창밖의 4계절 풍경이 빛의 향연을 이룬다.

루리코인은 메이지시대에 별장으로 지어졌다가 1920～30년대에 새롭게 개축된 정원이다. 다실에 펴놓은 검은 옻칠 평상에 창밖의 자연 풍경이 비쳐 일렁이는 모습이 환상적이다. 많은 사진애호가들이 사진에 담기 위해 계절별로, 시간대별로 찾아온다. 근대 일본의 정취가 듬뿍 담겨 있는 교토의 명정으로, 근래에는 혼인보전 등 바둑이나 장기 대국장소로도 종종 등장한다.

루리코인 교토시 사쿄구 가미타카노 히가시야마 55-55 rurikoin.komyoji.com

교토고쇼京都御所

교토교엔御苑은 교토 중심부의 옛 왕궁과 주변 귀족 거주지를 공원화한 곳이다. 광대한 숲속에 교토고쇼御所, 센토고쇼仙洞御所 등 옛 왕궁들을 볼 수 있다. 센토고쇼는 사전예약제라 관람이 까다로운 대신, 교토고쇼는 최근 무료 공개를 시작했다. 10세기 무렵부터 왕이 살면서 정무와 제사 등을 했다는 세이료덴清涼殿 등 건축물도 볼만하지만, 관람객에겐 고나이테이御内庭, 오케니와御池庭 등 아름다운 정원이 눈길을 사로잡는다. 일본 궁정정원이란 점을 염두에 두고 살펴볼 만하다.

ⓒDaniel Gerhard

고토고쇼의 정원 고나이테이

교토고쇼　　교토시 가미교구 교토교엔 3

sankan.kunaicho.go.jp/guide/kyoto.html

헤이안시대 초기인 888년에 처음 지어졌다. 그때의 연호를 딴 이름이 오랜 역사를 헤아리게 한다. 이 무렵부터 황족이 들어와 살면서 최고 권위의 몬제키사원이 됐다. 볼 것 많은 세계문화유산 닌나지에서도 왕의 침

닌나지 신덴에서 바라보는 정원 풍광과 닌나지 5층탑

소인 신덴宸殿(신전)의 북쪽정원을 비롯한 '고쇼정원'이 2021년 국가지정명승에 오를만큼 아름답기로는 으뜸이다. 신덴은 1914년에 어전 건물로 지어진 것으로, 메이지시대 최고의 목조건축물로 꼽힌다. 이 신덴 툇마루에서 바라보는 북정의 풍경은 잊기 어려운 한 폭의 동양화이다.

닌나지	교토시 우쿄구 오무로우치 33	ninnaji.jp

만슈인 曼殊院

만슈인의 시작은 '오래가고曼 특별하다殊'라는 이름을 갖게 된 10세기 전후로 거슬러 올라가지만, 지금의 만슈인은 17세기 중반(1656) 미의식이 뛰어난 한 황자가 황궁의 건물을 옮겨다 처소로 개조한 것이다. 유명 화가들이 그린 대현관의 「지코즈竹虎図」(죽호도), 「마쓰다카즈松鷹図」(공작도) 등의 그림도 볼만하다. 고쇼인小書院(소서원)에는 에도시대 초기 대표적인 작정가 고보리 엔슈 풍의 8창다실이 있다. 일반 관람자의 입장에서는 서원 창밖으로 내다보이는 가레산스이정원이 시선을 사로잡는다. 만슈인 진입로는 제법 긴 벚꽃나무길이어서 봄에 가면 더욱 좋을 것 같다.

만슈인 가레산스이

만슈인	교토시 사쿄구 이치조지 다케노우치초 42	manshuinmonzeki.jp

쇼렌인 青蓮院

쇼렌인 青蓮院은 교토의 관광명소가 모여있는 마루야마공원 아래, 지온인 知恩院 절 동쪽에 있다. 돌담으로 키를 높인 입구에 장대한 가지를 펼친 녹나무가 인상적이다. 쇼렌(푸른 연꽃)이라는 아름다운 이름은 근처

ⓒMoyan Brenn

쇼렌인 정원 기리시마노니와

에 같은 이름의 못이 있던 데서 유래했다. 근세에 왕자가 들어와 천태종 좌주를 겸하면서 승속 양면에서 격이 높아졌다. 임시 왕궁의 성격도 있었다고 한다.

쇼렌인의 정원은 고요함과 아름다움을 겸비한 명정으로 꼽힌다. 왕의 서재로 지은 서원식의 다실인 '고분테이好文亭'(호문정) 북쪽에는 '기리시마노니와霧島の庭'란 철쭉 정원이 있다. 고보리 엔슈의 작품으로 전해진다. 고분테이 앞의 이끼의 정원도 고요한 아름다움을 선사한다. 침전은 메이지시대의 건축물 가운데 궁정풍의 우아한 기품을 간직하고 있다는 평을 받고 있다. 현대작가 기무라 히데키가 그린 연꽃 그림들이 60면에 걸쳐 둘러싸고 있다.

쇼렌인	교토시 히가시야마구 아와다구치 산조보초 69-1	shorenin.com

짓소인 実相院

현존하는 드문 황족여성의 사원女院御所이다. 왕궁의 건물을 하사받아 이전해 온 탓에 '어소'의 분위기가 흐른다는 평이다. 내부에는 어용화사 가노파의 호화스런 그림들이 차례로 손님을 맞는다. 짓소인의 정원은 '1불 8승의 정'이라는 이름으로 불리는 가레산스이정원이다.

가노 에이케이의 그림이 그려진 짓소인 내부

서원 뒤뜰에는 2013년 시민참여로 만든 '코코로노오니와こころのお庭'(마음의 정원)이라는 이름으로 일본 국토를 표현한 '현대식' 가레산스이정원이 있다. 뒷담 너머로 히가시야마 산줄기가 멋진 차경을 이룬다.

짓소인	교토시 사쿄구 이와쿠라 아구라초 121	jissoin.com

산보인 정원. 모모야마(도요토미 시대)풍의 화려함이 깃들어 있다.

다이고지醍醐寺 산보인三宝院

교토 남쪽 다이고지醍醐寺 탑두 산보인은 도요토미 히데요시의 위세를 업고 건축물들이 새롭게 정비되면서 명원의 모습을 갖추었다. 서원 안쪽에 도요토미 히데요시의 지시에 따라 만들었다는 유명한 지천회유식 정원이 넓게 펼쳐진다. 모모야마풍의 호사찬란한 정원이다. 안쪽 침전에는, 일본인들이 3대 선반으로 자랑하는 다이고다나 선반이 있다. 우

리나라와는 악연이 있는 히데요시의 화려한 정원이어서인지 구경하는 동안 여러 가지 생각을 하게 만든다. ◇

산보인 교토시 후시미구 다이고히가시오지초 22

daigoji.or.jp/grounds/sanboin.html

4 인연의 실타래를 되감으면서

신화에서 역사로, 교토의 문을 연 도래인의 발자취 8선

1. 두 가모신사 がも神社

교토의 시작점으로 거슬러오르다

교토는 794년 수도 '헤이안쿄平安京'가 건설되면서 천년고도의 역사를 시작한다. 그러나 그 이전에도 교토에 사람이 살고 있었다. 이곳에 문명은 어떻게 시작됐을까. 그 여명의 빛을 따라 교토 중심부를 흐르는 가모가와鴨川강 상류로 발걸음을 옮긴다.

가모대교 위에서 북쪽을 바라보면 왼쪽에서 가모가와賀茂川가 흘러오고 오른쪽엔 다카노가와高野川가 흘러와 가모가와강을 이루는 모습을 볼 수 있다. 두 물줄기가 만나는 삼각주엔 울창한 숲이 우거져 있다. 그 숲속에 시모가모下鴨라 불리는 가모미오야賀茂御祖신사가 있고, 가모가와를 따라 3km쯤 상류 쪽으로 올라가면 가미가모上鴨라고 불리는 가모와케이카즈치賀茂別雷신사가 있다. 두 신사는 할아버지와 손자의

교토 동쪽 가모가와강은 두 강이 합쳐져 하나의 강을 이룬다. 삼각주 숲속에 시모가모신사가, 왼쪽 강 상류에 가미가모신사가 있다.

관계다. 교토 사람들이 "고대 일본 황실의례와 부케武家신앙을 간직한 가장 오래된 신사"로 여겨 1994년 교토에 17개 세계문화유산이 지정될 때도 첫손에 꼽힌 곳이다. 매년 5월 15일에는 교토 3대 마쓰리(축제)의 하나인 '아오이마쓰리葵祭'가 성대하게 열린다.

가미가모신사의 붉은 누문. 결혼식도 많이 열린다.

가미가모신사의 원추형 모래탑. 신의 강림을 상징하며, 음양설을 따르고 있다.

가모가와 삼각주에 우거진 숲, '다다스노모리糺の森'는 고대부터 있는 여러 수종의 나무와 숲에 얽힌 고사가 많아 국가사적으로 보호받고 있는데, 숲 이름의 뜻은 '진실의 숲' 정도 된다. 언제인가 이곳에서 신의 이름으로 재판이 행해졌기 때문이라고 한다.

이 오래된 숲은 울창하기도 하거니와 양쪽 강변으로 이어져 있어 교토시 북부지역의 좋은 나들이 겸 산책 코스이다. 매년 여름에는 헌책 시장도 열린다.

다다스노모리. 국가사적인 이 숲은 교토시민이 즐겨 찾는 나들이 장소이다.

숲을 지나 시모가모신사에 이르면 붉은색 누문이 눈에 들어오고, 중요 문화재로 지정된 55개의 사전이 여기저기 자리잡고 있다. 동서 2개로 이뤄진 본전은 1863년 새로 지은 것이지만, 일본 고유의 신사 양식을 보존하고 있다고 해서 국보로 지정됐다.

필자가 시모가모신사를 찾았을 때는 마침 비공개인 본전과 "고대부터 신찬神饌(신에게 바치는 음식) 요리를 만든 '신들의 부엌'"이라고 자랑하는 오이도노大炊殿(대취전)을 특별 유료공개하고 있었다. 시모가모신사의 아오이마쓰리는 본래는 농경제례에서 기원했다. '신들의 부엌'이 신사에 있다는 것은 제사음식을 만들어 조상신에게 바치고 제사가 끝나면 그것을 나눠 먹는 풍습의 존재를 이야기한다. 시모가모신사 바로 옆에서 고대 제사터가 발굴된 적이 있다. 제단은 조상신이 강림했다는 방향을 향하고 있고, 제단 옆에는 물길을 둥글게 내어 조상신이 타고 왔다는 배 모양의 섬을 만들었다. 섬 안에서는 제사 때 정수淨水로 쓴 것으로 보이는 우물터가 발견됐다.

상류의 가미가모신사는 숲속의 시모가모와는 대조적으로 하늘이 넓게 보이는 탁 트인 공간에 자리잡고 있다. 가미가모신사에는 특징적인 것이 세 가지 있다. 우선 사악한 기운을 막아준다는 두 개의 다테즈나立砂(원추형 모래탑). 이것은 가모신이 강림한 신산을 상징한다. 좌양우음의 음양설에 따라 신산 정상에 있었다고 상상되는 솔잎을 왼쪽 다테즈나엔 세 개(양), 오른쪽엔 두 개(음)를 꽂아놓는다. 두 번째는 본전에 그려진 해치. 신판의 판관인 상상의 동물 일각수인데 언제 그려진 것인지 몹시 궁금했다. 세 번째는 신라 경주의 포석정과 닮은 교쿠스이엔曲水宴(곡수연) 정원. 세계문화유산 지정 뒤부터 매년 재현 행사를 한다는데, 포석정과의 연관성과 관련해 한번 참관해보고 싶다.

두 가모신사는 헤이안시대(794~1185) 이전에는 교토 북부지역을 개척

포석정을 닮은 가미가모신사의 교쿠스이엔. 단순한 놀이터가 아닌 제례의식의 일부로 추정하고 있다.

하고 다스린 호족인 가모족이 조상신을 모신 씨사였다. 이 두 신사에는 고대부터 '야마시로'[15]라고 불렸던 이 땅에 어떻게 문명의 빛이 새어 들어왔는지 보여주는 신화가 있다.

아득한 옛날 "일본을 세웠다"는 진무神武 덴노가 정복전쟁을 벌일 때 길잡이로 나선 가모족은 그 공로로 지금의 가모가와강 일대에 영지를

---

15 야마시로의 한자 표기는 山代, 山背, 山城 순으로 변해 왔으나, 훈독은 모두 '야마시로'이다.

얻은 것 같다. 그때 이 지역엔 선주민이 살고 있었다. 북규슈에서 교토 북부 해안으로 들어와 살다가 쌀농사에 유리한 지역을 찾아 남하한 이즈모出雲라는 부족이었다. 두 부족은 전쟁 대신 혼인동맹을 선택했다. 가모족은 수장 이름이 '야타가라스八咫烏'(큰 까마귀), 즉 삼족오三足烏(태양 속에 사는 전설상의 새)를 토템으로 하는 부족(가모족이 덴노[태양]의 길잡이[삼족오]라는 신화 구조를 생각해보라)이고, 이즈모족은 '구름이 떠나다出雲'이라는 이름 그대로 태양을 섬기는 농경부족이었다. 두 부족의 유사성이 그들을 전쟁 대신 융합으로 이끌었을 것이다.

신화의 속편은 부여의 유화柳花 설화[16]와 흡사한 데가 있다. 야타가라스와 이즈모 여인 사이에 태어난 딸은 어느 날 강물에 떠내려온 붉은 화살을 침상에 꽂고 잔 뒤 잉태하여 아들을 낳았다. 이 아비 없는 손자가 꺼림칙했던 야타가라스는 손자의 관례식에 여러 신(족장)을 초대한 뒤 손자에게 "이 술잔을 너의 아버지에게 바치라"고 명하자, 술잔을 받아든 손자는 "내 아버지는 우레雷의 신이다"라고 외치고 승천했다. 야타가라스가 그 뒤를 좇아가 보니 손자가 사라진 곳은 천둥번개의 신을 모시는 신사였다. 그래서 야타가라스는 가모가와 상류에 우레를 모시는 신사를 짓고 손자를 주신으로 모시게 했다는 이야기다. 이것이 가미가모신사, 즉

16 『삼국사기』 등 사서에 등장하는 설화의 주인공. 유화부인은 태양의 정기에 감응하여 고구려 시조 주몽을 낳았다.

가모와케이카즈치賀茂別雷신사의 "신화적" 유래이다. 태양과 번개의 변주인 이 신화는 빛과 비가 절대적인 쌀농사지대의 전형적인 농경신화다.

신화는 역사가 아니지만 역사적 진실을 담고 있다. 진실은 이렇다. 교토에 문명은 두 갈래로 들어왔다. 한 갈래는 남쪽 오사카만에 상륙해 북상한 가모족 같은 사람들이고, 또 한 갈래는 북쪽 해안지방에서 농토를 찾아 남하해 온 이즈모 같은 사람들이다. 쌀농사와 금속(청동기/철기)문화의 시대였다. 대륙에서 발달한 문명이 한반도로 들어와 적용과 숙성의 시기를 거친 뒤 다시 바다를 건너 일파는 일본 열도 사이 세토내해를 통해, 일파는 한반도가 마주 보이는 열도의 북부해안선을 따라 퍼져나갔음을 말하고 있다.

교토 남쪽에는 나라와 아스카유적이 산재하고, 교토 북쪽 단고·단바·다지마지방에는 고대 금속유적과 수천 기의 고분이 산재해 있다. 가모족이 북상한 교토 남쪽 길목에는 여전히 삼족오를 모시는 신사가 있고, 북부해안에는 지금도 부산에서 던져진 페트병이 쓰시마난류를 타고 상륙한다.

개인 견해임을 전제로 언어의 측면에서 덧붙인다면, 가모賀茂와 가모鴨는 모두 일본어에서 신을 뜻한다. 고대 한반도에서도 신령을 뜻하는 말에 '감' '검'이 있다. 오리 압 자를 쓰는 가모鴨가와는 본래는 가모족의 토템 그대로 신령한 '가막이烏'의 강이었을 것이다. 녹색 이파리 두 장을 문장紋章으로 쓰는 '아오이마쓰리葵祭'의 '아오이'는 '신(이)을 만난다(아오)'는 의미의 합성어로 설명되지만, 사실은 중국인도, 한국인도 즐겨 먹는 '아욱'이다. 중세 일본어로는 '아후히', 한국어는 '아혹'이다. 이민 간 땅에 미나리를 심는 영화 「미나리」의 모티브는 결코 새로운 발상이 아니다.

두 부족은 가야나 고구려(부여) 또는 신라 땅에서 건너온 족속이었을 것이다. 보다 진보한 지식과 기술, 대담함과 경험을 갖추고 신천지를 찾아온 '도래인'들이 속속 역사 활동에 가담하면서 한반도 남쪽의 열도는 '일본'이라는 자기 정체성을 향해 빠르게 나아갈 수 있었다. ◇

가미와케이카즈치신사(가미가모신사)

교토시 기타구 가미가모 모토야마 339

kamigamojinja.jp

가모미오야신사(시모가모신사)

교토시 사쿄구 시모가모 이즈미가와초 59

shimogamo-jinja.or.jp

2. 아오이마쓰리 葵祭
신의 힘이 저 푸른 야채로부터

2023년 5월 16일 교토에서는 '교토 3대 마쓰리'의 하나인 '아오이마쓰리葵祭' 축제가 코로나19로 중단된 지 4년 만에 다시 열렸다(본래는 5월 15일 열리지만 비로 순연됐다). 참가자들이 중세 의상을 하고 거리를 행진하는 퍼레이드가 축제의 꽃이다. 올해의 거리행진은 오랜만에 다시 보는 기대감 때문인지 공식 참관석은 매진됐고 행렬이 지나가는 길가에는 까치발을 하고 사진을 찍는 시민과 관광객으로 가득했다(경찰 추산 약 4만 명). 특히 일본 황실의 아키히토(90) 상황 부부가 노구를 이끌고 도쿄에서 교토까지 와서 직접 참관해 언론의 주목을 받았다.

아오이마쓰리는 교토에서 가장 오래된 신사인 시모가모下鴨와 가미가모上賀茂 두 신사의 예제(시제)로, 7월의 기온마쓰리祇園祭, 10월의 지다이마쓰리時代祭와 함께 교토 3대 마쓰리의 하나로 꼽힌다. 1400여 년 전 덴노가 나라의 안녕과 오곡풍작을 기원하며 가모신사 제사에 공물을 보낸 데서 기원한다.

퍼레이드는 그 칙사행렬을 재현한 것이다. 중세 귀족과 제관으로 분장한 약 500명의 인원과 말 36마리, 소 4마리, 여러 대의 가마와 수레, 꽃우산 등이 800여m의 긴 행렬을 이루며 교토고쇼(옛 황궁)를 출발해 가모가와강변을 따라 제사 장소인 두 가모신사까지 약 5km를 행진한다. 행렬 맨 뒤에는 화동과 여관의 호위를 받으며 가마를 탄 '사이오다이斎王代'(중세 황실 공주 가운데 뽑혀 신사에 보내져 제사를 주관하는 여제관 '사이오'의 대역)가 행진의 대미를 장식한다. 1956년 시작된 사이오다이는 교토시민 자원자 중에 선발되는데, 2023년에는 '영국 유학파 벤처캐피털회사직원'이 뽑혔다.

아오이마쓰리의 공식명칭은 가모마쓰리賀茂祭이다. 고대에 이 지역을 다스리던 호족 가모씨가 조상신에게 제사를 지낸 씨신제였다. 그러다가 6세기 한 덴노가 가모신사에 공물을 보내면서 황실과 관계를 맺었고, 교토로 천도(794)한 뒤인 9세기 무렵부터는 황실제례로서 공식적인 격식을 갖추게 됐다고 한다.

가모마쓰리가 아오이마쓰리라는 별칭으로 불린 것은 17세기 무렵부터. 퍼레이드에 등장하는 인물, 동물, 가마 등이 모두 '푸른 잎사귀'를 몸에 장식한 데서 이름이 나왔다. 이 푸른 잎사귀 '아오이'는 접시꽃이

아오이마쓰리 당일 시모가모신사 인근 민가 대문 앞에 놓인 아욱 화분. 민중 속에 뿌리내린 아오이 신앙의 한 단면을 보여준다.

라고도 하지만, 앞 장에서 말한대로 한국·중국·일본인 모두 즐겨 먹는 건강채소 '아욱'이다. 필자 같은 '한국 사람'에게는 진귀한 퍼레이드 구경보다는 이 두 나라 말의 유사성이 더 깊은 잔상을 남겼다. 어쩌면 이 날 고령을 무릅쓰고 아오이마쓰리를 '직관'한 아키히토 상황도 비슷한 느낌이었을지 모른다. 이 푸른 잎사귀에는 선사와 역사 시대를 넘나드는 (히)스토리가 내재해 있다.

가모신사를 세운 가모족은 가모가와강 상류에 먼저 정착해 있던 이즈모出雲족과 결합해 가모가와강 일대를 지배한 한반도에서 넘어온 씨족이다. 시모가모신사에는 이들이 "조상신이 강림한 신산神山을 향해" 제를 올리던 제사 터가 발굴돼 있다.

푸른 아욱 잎사귀는 가모족 신화에 등장한다. 신화에 따르면, 신을 맞이하고자 하는 사람은 '푸른 아오이 잎으로 몸을 장식하라'는 신탁이 있었다고 한다. 신이 강림한 신산에는 푸른 아오이가 무성했다고 하고, 신이 되어 하늘로 올라간 아들을 그리워하는 어머니에게는 푸른 아오이 잎이 '만남'의 매개가 되어주는 이야기이다. 이 신화에 근거해 아오이의 어원을 일본어의 '만나다'라는 뜻인 '아우合う'와 신령 또는 신의 힘을 뜻하는 '히カ'의 합성어로 보기도 한다. 그러나 그것은 후손들의 신화적 해석일 뿐 한국어와의 유사성으로 볼 때 '아오이'는 토템화된 '아욱' 그 자체를 가리킨 것이 분명하다고 생각한다.

아욱과 아오이의 언어적 유사성은 우연의 일치가 아니다. 아오이는 중세 일본어로는 '아후히'이고, 15세기 한국어로는 '아혹'이다. 아오이와 아욱이 원래 같은 말이었음을 강력하게 시사한다. 아욱/아오이의 현대 중국어는 쿠이葵(kuí)이다. 고대 음은 아욱/아오이와 더욱 비슷했을 것이다. 한반도 방언으로 살펴보면, 아우기(평안도)-아북(함경도)-아욱, 아국, 아궁, 아웅, 아복, 아부지(경상도, 전라도) 등의 형태로 '남하'하고 있다. 이 남하 경로를 타고 일본 열도로 들어가서 아후히-아오이로 정착돼갔을 것이다.

아오이는 아마도 가모족의 어떤 역사적 사건과 관련해 깊은 인상을 남긴 식물이었기에 고대 신전의 제사음식 형태로 씨족의 집단기억 속에 각인됐을 것이다(시모가모신사의 부엌 '대취전'은 일본 중요문화재로 지정돼 있다). 아욱은 고대로부터 중국에서도 채소의 왕이라 할 만큼 즐겨 먹었고, 한국에서도 '가을 아욱국은 문 걸어 잠그고 먹는다'는 등의 속담이 전래할 만큼 유익하게 여긴 채소였다. 아욱은 "힘이 나는", 즉 "신이 나오는" 채소의 대명사였던 것이다.

이처럼 동북아 3국 모두에 친숙한 '葵'(kuí), '아욱', 'あおい'는 고대에는 같은 발음과 뜻을 가진 동북아 사람들의 공통어였다고 생각한다. 이 '푸른 잎사귀'에는 아득한 옛날 고조선지역이나 부여·고구려 지역에서 한반도 남부를 거쳐 '신산'(일본 열도 서쪽 북규슈 지방)에 도착한 뒤 해안선을 따라 혼슈의 교토 지방으로 이동해온 한반도 도래인의 '선사先史'가 새겨져 있다. 이 스토리는 실크로드와 같은 문명 루트가 생기기 전에 농사짓기 좋고 안전한 땅을 찾아 이동했던 고대인들의 '아욱 로드'를 상상하게 한다.

'아욱길'을 따라 열도에까지 이른 '도래인'들은 어떻게 '일본'이 되어갔을까. 아오이마쓰리 퍼레이드의 종착지인 가모신사의 문장紋章(상

아오이마쓰리 퍼레이드. 여제사장(사이오다이) 등 참가자 전원이 푸른 아욱 잎으로 장식하고 있다.

징문양)은 '후타바아오이双葉葵'. 두 장의 잎으로 묘사된 아오이 문양이다. 어쩌면 이 후타바아오이에 그 실상이 암시돼 있는지 모른다. 이 문장은 할아버지와 손자 관계인 시모가모와 가미가모 두 신사의 친족 관계를 상징한다고 해석할 수 있다. 그러나 다른 관점도 있다. 교토의 또 다른 도래인 호족이었던 신라계 하타씨 신사에도 이와 똑같은 문장이 있기 때문이다. 가모씨와 하타씨는 혼인 등으로 유대를 맺고 고대 교토 일대를 양분해 다스린 호족이었다. 794년 간무덴노가 교토 천도를 단행

가미가모신사 본전. 흰 가림막에 두 개의 푸른색 후타바아오이 문장이 새겨져 있다.

했을 때 배후에서 이를 지원한 세력이 이들이었다고 전해진다. 두 부족은 덴노가 교토로 옮겨온 뒤에는 황실 수호 신사를 자임했는데, 이런 내력으로 후타바아오이는 가모족의 내부 결합에서 나아가, 가모씨와 하타씨 두 부족 간의 단단한 동맹, 즉 '결합력'(아오이)을 상징한다고 보는 것이다. 두 개의 가모신사 자체가 애초 가모족과 이즈모족 동맹의 결실이기도 했다. 훗날 에도막부를 세운 도쿠가와 이에야스 가문의 문장은 3장짜리 아오이인데, 후타바아오이가 그 원형이라고 한다. 도쿠가와 가문은 동맹과 확장이라는 후타바아오이의 '본질'을 일찍부터 통찰하고 있었는지 모른다.

아키히토 상황은 왜 아흔의 노구를 이끌고 아오이마쓰리를 직관할 생각을 했을까. 그는 덴노 시절 "교토 천도를 단행한 간무桓武 덴노의 어머니가 백제계라는 사실에서 한반도와 깊은 인연을 느낀다"고 했던 사람이다. 아키히토 상황은 비로 하루 순연된 아오이마쓰리를 참관한 뒤 나라로 이동해 고대 한-일 교류의 역사가 짙게 밴 호류지法隆寺(나라시대 최고 걸작으로 꼽히는 백제관음상이 있다)와 주구지中宮寺(고대 일본의 기틀을 닦은 쇼토쿠 태자의 어머니를 모신 절)를 방문했다. 이 역시 그의 역사의식을 엿볼 수 있는 여행이었다고 생각한다. ◇

가미와케이카즈치신사(가미가모신사)

교토시 기타구 가미가모 모토야마 339

kamigamojinja.jp

가모미오야신사(시모가모신사)

교토시 사쿄구 시모가모 이즈미가와초 59

shimogamo-jinja.or.jp

3. 우즈마사 太秦

교토 데이트코스에서 떠올리는 댐 공사의 추억

교토시 서북쪽 가쓰라가와강 상류에 아라시야마嵐山산이 있다. 뱃놀이 하는 강과 부드러운 능선의 산이 잘 어우러진 절경 속에 덴류지(세계문화유산) 등 유명한 절과 신사가 밀집해 있다. 볼 것 많은 교토에서도 손꼽히는 유원지다.

도게쓰쿄渡月橋는 마치 달을 건너는 것 같다고 해서 이름 붙여진 다리로, 아름다운 선남선녀의 낭만적인 데이트코스다. 그런데 여기 사람들은 이 아름다운 강을 그냥 '오이가와大堰川'(대언천), 곧 '큰 둑이 있는 하천'이라는 기술적인 이름으로 부른다. 옛날 어느 시기에 있었던 둑이 지역민들에게 깊은 인상을 남긴 것이다.

토질은 비옥하나 해마다 반복되는 강의 범람 때문에 농사지을 수 없던

오이가와강 상류의 호즈쿄 협곡. 하타씨는 이 강에 쌓은 제방으로 부를 일궜다.

칡덩쿨밭이 옥토가 된 것은 보를 만들어 거친 물살을 제압하고 둑을 쌓아 안정된 물길을 낸 '대언천' 덕분이었다. 학자들은 그 치수사업을 5세기 후반의 일로 본다.

대언천을 건설한 주체는 4세기 무렵 신라에서 일본 열도로 건너온 도래인 집단 '하타'(또는 하다. 한자로는 秦[진]을 쓴다)씨 일족이다. '하타' 또는 '하다'라는 씨족명은 한국어 '바다海'에서 왔다는 설이 있지만, 현재는 경상북도 울진 지역에 있었던 '파단국波旦國'에서 유래한다는 것이 거의 정설로 굳어져 있다.

하타씨는 처음에는 교토 남쪽 나라현 가쓰라기 지방에서 살다가 도래계 주민들을 이끌고 야마시로山城(지금의 교토) 남부 지역으로 이주한 뒤, 당시 황무지였던 이곳 대언천 개발에 성공했다. 하타씨들은 대언천의 농업생산력을 바탕으로 상업에도 진출, 7세기 초에는 대호족으로 성장했다. 아라시야마 일대는 물론 강 건너 동쪽의 사가노와 우즈마사太秦, 교토 남쪽 후시미의 후카쿠사深草 등에서 대촌락을 이루었고, 마침내 '야마시로 전체의 주인'이 됐다. "고대 일본에서 최대 인구와 분포를 가진 대호족" 하타씨[17] 뿌리는 지금도 일본 전역의 여러 지명과 씨명氏名 속에 무수히 남아 있다.

---

17 고대 일본 최대호족인 하타秦씨는 신라계 하타씨족을 중심으로 한 도래계 씨족 연합체로, 한 연구에 따르면, 간토關東 북부와 규슈九州 남부를 제외한 고대 일본열도 전역의 34개국 89군에 걸쳐 거주한 사실이 사료로 확인된다고 한다. 『수수께끼의 도래인 秦氏』, 미즈타니 치아키, 분슌신쇼.

아라시야마의 아름다운 풍광을 뒤로하고 대언천 강변공원 산책길을 따라 하류 쪽으로 2km쯤 걸으면 마쓰오다이샤松尾大社라는 신사가 나온다. 오늘날 '술의 신'을 모신 신사로 유명하지만, 본래는 하타씨가 조상신을 모신 씨사였다. 대언천 사업의 성공으로 남쪽 후카쿠사에서 대거 대언천 유역으로 이주해온 하타씨들이 씨사를 세우면서, 선주민들을 달래고 융화하기 위해 산속에 있던 그들의 신사를 '하산'시켜 함께 모신 것이 이 신사이다. 먼저 있던 수렵채집의 신과 나중에 들어온 농경신이 '합사合祀'하게 된 것이다. 이것이 하타씨 성장의 본질이다.

마쓰오다이샤신사는 전국에 1천 개가 넘는다는 마쓰오신사의 본사이다. 그래서인지 경내에는 늘 전국 각지의 술 회사가 보내온 술단지가 가득 쌓여 있다. 하타노사케노키미秦酒公(진주공)라고, 조상 가운데 이름자에 술이 들어간 인물이 있는 것을 보면, 하타씨는 고대부터 술 빚는 데 특기가 있었다. 농업신을 모시던 씨사 성격의 신사가 '일본 제일의 양조 조신祖神'을 모시는 신사가 된 것은 에도시대 무렵부터라고 하는데, 아마도 이런 내력이 그 변신을 무난하게 했을 것이다. 마쓰오신사는 메이지시대 초기인 19세기 말까지만 해도 하타씨가 신관직을 '세습'했다고 한다.

하타씨의 또다른 씨사인 교토 동남쪽 후시미이나리신사는 '장사의 신'을 모신 이나리신사의 총본산으로 일본상인의 성지로 일컬어지는데, 이 역시 농업에서 상업으로 진출한 하타씨의 변신에서 그 유래를 찾을 수 있다.

마쓰오타이샤 신사의 제녀.

이처럼 하타씨와 그 부속민들은 베짜기와 양잠에 능했을 뿐 아니라 뛰어난 재무, 회계 지식을 가지고 활발하게 재산을 늘려갔고, 그 경제력을 바탕으로 야마토大和 정권[18]의 정치에도 참여하게 된다. 8세기 후반의 교토(헤이안쿄) 건설은 당시 덴노인 간무덴노의 정치력과 하타씨족의 경제력이 합쳐진 결과물이었다. 헤이안시대 초기에는 수도 주민은 물론 도시의 실무 관리들도 대개는 하타씨였다고 한다. 당시 기록에 따르면, 이 신도시 주택의 건축과 거래에 빠짐없이 등장하는 '부동산의 귀재'도 하타씨였다.

대호족으로 성장한 하타씨는 대언천 건너 동쪽 지역도 세력권에 넣었다. 마쓰오신사에서 동쪽으로 다리를 건너면 우즈마사太秦라는 지역인데, 이름을 그대로 풀면 하타秦씨의 맏이太, 즉 큰집(장손집) 또는 '종갓집'을 의미한다. 하타씨의 씨족명이 그대로 동네 이름이 된 셈이다.

우즈마사와 인근 사가노 일대에는 하타씨족의 것으로 인정된 고분이 즐비하다. 그중 특히 우즈마사 주택가에 돌무지로 남아 있는 헤비즈카蛇塚고분이 유명하다. 전장 70여m로 일본에서 네 번째로 큰 이 전방후원분 유적은 하타노카와카쓰秦河勝(생몰년 미상)의 할아버지나 아버지의 것으로 추정된다. 하타씨족의 수장이던 하타노카와카쓰는 유명한 고류지広隆寺 절을 지은 사람으로, 7세기 초 일본의 통치자 쇼토쿠 태자聖德

18 4~5세기 무렵에 일본 나라 지방에 성립한 통일 정권.

太子(?~622)의 정치 고문이기도 했다. 봉우리 세 개에 수백개의 무덤이 모여 있는 인근의 나라비가오카 고분도 하타씨족 최고수장과 그 일족의 무덤으로 여겨진다.

장난감 같은 관광열차 란덴嵐電이 다니고 영화마을이 있어 젊은 관광객들도 찾아오는 우즈마사 일대는 하타씨족의 '큰집'에 해당하는 곳인 만큼 하타씨 관련 유적이 많다. 대표적으로 하타씨족의 절 고류지広隆寺 절과 비단 짜는 기술을 보유했던 하타씨들이 세운 가이코노야시로蚕の社 신사가 있고, 일본에 양잠을 퍼뜨린 사람으로도 역사에 등장하는 하타노사케노키미를 모신 오사케大酒신사도 있다. 특히, 양잠의 신을 모신다는 가이코노야시로신사에는 다리가 셋인 진기한 도리이鳥居(신사

양잠의 신을 모신 가이코노야시로 신사의 '삼족' 도리이

太秦이라 쓰고 우즈마사라고 읽는 우즈마사역 간판

앞에 세우는 문)가 있다. 일본 유일의 형태로 학자들 사이에서도 기원에 대한 설이 분분하다. 신라 도래인 하타씨의 신사인 만큼 한국 학자들도 연구에 참여하면 뭔가 '비밀'을 푸는 열쇠를 찾을 수 있지 않을까.

신라계 도래인 정착지였던 우즈마사와 아라시야마, 사가노 일대는 지금도 '자이니치在日'(재일동포)가 많은 동네로 꼽힌다. 이곳의 일부 동포들 중에는 우즈마사가 "울지마소"란 말에서 나왔다고 생각한다. 비애가 낳은 억측이지만, 그런 해석을 낳은 데에는 어떤 알 수 없는 이끌림이 있었을 것이다.

고류지는 너무나 잘 알려져서 설명이 더 필요 없을 것 같다. 우리나라

진하승 부부의 목상

국보 제83호 금동미륵보살반가사유상과 쌍둥이처럼 닮아 신라 제작설이 있는 '일본 국보 1호' 목조미륵보살반가사유상이 이 절에 안치돼 있다. 일본인들도 "일본에서 가장 아름다운 불상"으로 손꼽는다. 독일 역사가 카를 야스퍼스가 '영원한 미소'라며 감탄했다는데, 가만히 보고 있노라면 "나루호도!"(과연) 소리가 절로 나오는 걸작이다. 관리인이 매의 눈으로 감시하는 바람에 사진을 찍을 수 없었던 것이 더없는 유감이었다. 고류지는 하타노카와카쓰, 즉 진하승秦河勝이 세운 절이다. 일본 역사기록에는 쇼토쿠 태자가 진하승에게 불상(미륵보살반가사유상)을 내리자, 진하승이 이 절을 짓고 불상을 안치했다는 것이다. 신라가 일본 조정에 선물한(아마도 진하승이 먼저 정치적 목적으로 요청했을 것이다) 미륵

ⓒSaigen Jiro

거대한 헤비즈카고분 유적. 하타씨족의 세력을 웅변하는 듯하다.

불상을 매개로 쇼토쿠태자와 하타씨족이 서로의 결속을 대내외에 과시한 정치적 이벤트였다고 생각된다. 고류지는 하타씨족이 정치적으로 약화한 뒤에는 하타씨의 씨사라는 사실은 잊히고 쇼토쿠 태자 신앙의 중심 사찰로 일본 민중에게 각인됐다. 일본인에게 쇼토쿠 태자는 아주 인기 높은 '신'이어서, 교토 중심부에서 고류지로 오는 길 이름까지 '다이시미치太子道'(쇼토쿠태자길)가 되어 있다.

그러나 고류지 사람들만큼은 진하승의 음덕을 잊지 않고 일찍부터 진하승 부부 목상(9세기 초에서 11세기 말 사이에 제작된 것으로 추정된다. 일본 중요문화재)을 미륵보살반가사유상 곁에 모셔두고 있다. 미륵보살의 미소를 바라보던 시선을 돌려 하타노카와카쓰를 바라보노라니 천오백 년도 더 전의 어느날 한반도 동부의 한 포구를 떠나 일본 열도의 어느 해안에 도착한 "용감무쌍한" 하타씨들의 설렘 가득한 얼굴이 겹쳐진다. ◇

고류지	교토시 우쿄구 우즈마사 하치오카초 32
오자케 신사	교토시 우쿄구 우즈마사 하치오카초 30
가이코노야시로	교토시 우쿄구 우즈마사 모리가히가시초 50-1
헤비즈카 고분	교토시 우쿄구 우즈마사 오모카게초
아라시야마 공원	교토시 우쿄구 사가나카노시마초
	pref.kyoto.jp/koen-annai/ara.html

4. 기후네신사 貴船神社

돌, 전설과 함께 바다를 건너다

교토시 북쪽 산간지대 중앙부에 기후네신사貴船神社라는 오래된 신사가 있다. 신사는 기부네가와貴船川 강가에 있는데, 기부네야마(716m) 산의 울창한 원시림과 깊은 계곡에서 뿜어져 나오는 맑고 찬 기운이 더할 수 없는 청량감을 안겨준다.

기부네강은 옛날 교토의 수원水源인 가모강의 원류가 되는 계곡으로, 기후네신사는 고대부터 황실이 물의 신을 모시고 기우제 또는 지우止雨제를 지내던 제사터였다. 일본 부적 에마繪馬의 기원이 바로 여기서 나왔다는 이야기도 있다. 황실의 가와가미신川上神으로 존숭되었던 이 계곡에 기우제 때는 흑마, 지우제에는 백마를 바쳤는데, 이후 산 말 대신 나무판에 말을 그려 바친 것이 에마가 되었다는 내용이다. 지금은 이름난

피서지이자 강한 기운이 느껴진다고 해서 교토의 '파워스폿'(기운발 좋은 곳)으로 꼽힌다. 짝사랑하거나 헤어진 연인과의 결합에 효험이 있다고 해서 많은 여성이 찾아오는 '결연의 기도처'이기도 하다.

기후네신사는 이웃한 구라마야마鞍馬山(569m) 산의 구라마데라 절과 유키由岐신사를 합해 한 묶음의 훌륭한 관광 겸 트레킹코스이다. 구라마산은 '덴구天狗'(얼굴이 붉고 코가 높으며 신통력이 있어 하늘을 자유로이 날아다닌다고 상상되는 깊은 산속의 괴물)로 대표되는 산신령과 영웅호걸들의 무용담으로 가득한 일본의 '전설의 고향' 같은 곳이다.

필자가 이곳에 관심을 갖게 된 것은 기후네신사의 '선형석船形石'(돌을 쌓아 배 모양으로 만든 바위) 때문이다. 고대 우리나라와 일본에는 다 같이 거석 신앙이 있었는데, 너럭바위를 타고 하늘을 날거나 바다를 건너는 신화와 설화가 여러 곳에 산재해 있다. 기후네신사의 선형석도 그중 하나이다.

너럭바위 돌배가 등장하는 석주石舟신화의 대표적인 예로는 우리나라에서는 『삼국유사』에 나오는 '연오랑세오녀延烏郎細烏女' 설화가 있고, 일본에는 신들이 하늘에서 '아메노이와후네天磐船'(너럭바위배)을 타고 내려왔다는 『일본서기』 속의 '건국신화'가 있다.

희귀한 선형석을 보기 위해 시 동북쪽 데마치야나기역에서 히에이잔전철을 타고 구라마역에서 내린 뒤 구라마데라를 거쳐 기후네신사로 넘어

구라마역 앞의 덴구상. 구라마산 관광을 상징하는 조형물이다.

가는 코스를 짰다. 구라마산의 관광 상징인 '덴구'상의 마중을 받고 구라마데라 인왕문에서 트레킹을 시작한다. 산속에 넓게 자리한 구라마데라와 유키신사를 둘러보고 서문으로 내려오면 기부네 지역이다. 기부네강을 거슬러 상류 쪽으로 올라가면 약 700m에 걸쳐 본궁-중궁-오궁이 줄지어 있는 기후네신사에 도착한다.

유키신사의 소원을 비는 거대한 삼나무

기후네신사 입구. 산문으로 오르는 돌계단에는 차고 맑은 기운이 가득하다.

선형석은 기후네신사 오궁에 있다. 길이 10m, 둘레 24m, 폭 4m, 높이 2m 크기이다. 이 선형석에는 한 뿌리에서 나온 것이 분명한 두 가지 버전의 전설이 있다. 일본황실이 시조로 여기는 진무덴노가 정복전쟁

기후네신사의 선형석. 배를 감추기 위해 돌로 덮었다는 전설이지만, 사실은 '신이 너럭바위배를 타고 온다'는 석주신화의 일종이다.

물의 신에게 빌어 얻는 기후네신사의 물점. 물에 적시면 점괘가 나오는데, 정보무늬(QR코드)를 대면 4개 언어로 번역된다.

(어디까지나 가공의 역사이다)을 벌일 때, "진무의 어머니 다마요리히메玉依姬가 오사카만에서 요도가와강을 거슬러 올라와 이곳에 사당을 지었고, 그때 타고 온 배를 사람들이 돌로 덮어 놓은 것"이란 전설이 '황실 버전'이다.

두 번째는 유사한 내용에 주인공이 진무의 어머니에서 가모신사 제신의 어머니('다마요리히메'라는 이름이 똑같다)로 바뀐 '신토神道 버전'이다.

왕모이든 신모이든 이 깊은 산속 계곡에 어째서 너럭바위 돌배가 도착했다는 이야기가 '만들어진' 것일까?

일본의 고대사가 중에는 신라의 연오랑세오녀 설화에서 실마리를 찾는 이들도 있다. 『삼국유사』 '기이 편'에 따르면, 신라 동해물가에 연오와 세오 부부가 살았는데, 어느 날 연오가 바닷가에 나타난 바위에 실려 왜로 갔고, 남편을 찾아 세오 역시 바위를 타고 바다를 건너가 그곳에서 왕이 돼 있던 연오와 재회하고 귀비貴妃로 추대됐다는 이야기다.

그런데 묘하게도 기후네신사의 중궁은 끊어진 인연을 다시 맺어주는 결연結緣의 신사로 이름이 높다. 고대의 여류시인 이즈미 시키부和泉式部(978~?)가 기후네신사를 찾아와 냉담해진 남편의 마음이 돌아오길 빌어 소원을 이룬 데서 유래했다는데, 고대의 이 지식인 여성은 무슨 '전승'에 근거하여 이 깊은 산속 신사에까지 와서 재회의 소망을 빌게 됐을까?

기부네貴船 지역은 원래 '기후네'로, 한자로는 '기우내'라는 발음의 '気生根', '木生嶺'(우리말 '기운내'와 그 음과 뜻이 흡사하다[19]) 등으로 쓰는 곳이었다는데, 언제부터인가 다마요리히메가 탄 배가 노란색黃(일본어로 'き')이었다는 석주신화의 내용에 영향을 받아 같은 발음의 기부네黃船가 됐다가, 다시 귀하다는 뜻의 기부네貴船로 변하게 된 것 같다. 왕이

19 비슷한 예로, 공주와 부여 등에서는 차령車嶺산맥을 '찬네(내)'라고 불렀다고 한다.

된 남편을 극적으로 다시 만나 귀한 신분이 됐다면, 타고 온 배가 '귀선'이 되는 것은 자연스러운 발상일 것이다. 그런 신사에 지체 높은 귀부인이 찾아와 남편과의 재결합을 간절하게 빌어 소원을 이루자 신사의 기돗발이 유명해졌고 그에 따라 신사 이름도 바뀌었다면 그 또한 그리 이상할 것이 없다.

연오랑세오녀 설화는 어쩌면 아득한 고대에 신라와 왜(일본) 양쪽 사람들을 모두 깜짝 놀라게 한 어떤 실화가 모티브가 됐을 것이다. 그 강렬한 기억이, 신들이 너럭바위를 타고 하늘에서 내려오고, 신이 된 아들을 찾아 어머니가 강을 거슬러 올라가고, 왕의 어머니가 바다에서 깊은 산속으로 배를 타고 들어오는 이야기를 낳았는지 모른다.

연오랑세오녀 설화 후반부는 연오와 세오가 왜로 떠나자 해와 달이 빛을 잃어 신라 왕과 백성이 당황하는 이야기가 이어진다. 그것은 태양신앙과 금속문화가 한반도에서 일본으로 전래된 역사적 정황을 담고 있다.

일본 고대사가들에 따르면, 진무덴노가 야마토왕조를 세웠다는 신화 이전부터 야마토 지방에는 한반도에서 태양신앙을 가지고 들어온 모노노베씨物部氏가 먼저 살고 있었다. 그들 역시 조상이 '천반선'을 타고 하늘에서 내려왔다는 창조신화를 가지고 있었다. 그들이 모여 살던 오사카와 나라 지방에는 각각 '쓰게야都祁野'로 발음되는 지명이 지금도 남아 있다. 그런데 연오와 세오가 일본으로 떠났다는 『삼국유사』 속 영일

비극적 영웅의 전설이 얽힌 구라마데라의 본전 금당. 당 앞은 '기운발 좋은 곳'으로 유명하다.

만 지명도 도기야都祁野(현재의 포항시 동해면 도구都邱리)이다. "돌배를 타고 하늘에서 내려온" 모노노베씨의 조상은 연오랑세오녀였을까? 한·일 두 나라의 고대사는 마치 뫼비우스의 띠처럼 안과 밖이 이어져 있는 것 같다.[20]

---

20 일본에는 아메노히보코天日槍신화가 있다. 신라왕자 '천일창'이 사라진 신처神妻를 찾아 일본에 건너와 여러 지방을 탐험한 뒤 일본에 정착했다는 이야기구조를 가지고 있다. 일반적으로 진한 또는 신라계 이주민들의 일본 정착 역사를 반영하는 것으로 해석되고 있다.

굳은 암반을 뚫고 나온 삼나무 뿌리가 지표를 덮고 있는 구라마데라 경내의 산길

아무리 '고대사 덕후'라도 구라마 일대는 전설의 돌배만 보고 가기엔 풍광이 너무 좋은 곳이다.

구라마데라는 일본인이 좋아하는 비극의 영웅 미나모토노 요시쓰네源義経(1159~1189)의 전설이 깃든 곳이다. 아버지가 전사하고 7살에 이 절에 맡겨진 영웅에게 산신령 덴구가 무술과 병법을 전수했다고 한다. 구라마산은 슈겐도修験道(산을 신앙의 대상으로 삼아 심신을 수도하는 일종의 자연종교)의 수행지로서, 구라마산 덴구(서역인의 상이 분명하다. 유대인 설도 있다)는 일본 전역에 산재한 덴구들의 총대장 격이다. 전설의 흔적 말고도 삼나무 뿌리가 땅 위로 드러나 있는 나무뿌리길, 거대한 삼나무 고목이 신이 된 신사가 있는가 하면, 650만 년 전에 인류 구제를 위해 금성에서 온 마왕을 신으로 모신 초超에스에프(SF)적 사당도 만날 수 있다.

구라마데라 경내의 유키신사는 한가운데로 통로가 난 특이한 형식의 신사인데, 매년 가을 '히마쓰리火祭'(불의 축제)가 열리는 곳으로 유명하다. 교토 3대 기제奇祭의 하나라고 하는데, 먼 곳의 밤에 열리는지라 '직관'까지는 아직 엄두를 내지 못하고 있다.

기후네신사를 나와 기부네 강을 따라 걷다보면 강물 위에 마루를 놓고 민물고기와 산나물 요리, 차와 술 등을 즐기는 '가와도코川床' 식당들을 볼 수 있다. 교토 계곡의 특별한 풍물이다. 돌아가는 기부네구치역까지는 약 2km. 드문드문 차들이 지나가지만, 맑은 시냇물 소리와 녹음 짙은 숲, 병풍 같은 삼나무가 번갈아가며 나그네의 발걸음을 붙잡는다. ◇

기후네신사	교토시 사쿄구 구라마기부네초 180	kifunejinja.jp
구라마데라	교토시 사쿄구 구라마혼마치 1074	kuramadera.or.jp

5. 히라노신사 平野神社

백제 황후의 인연을 따라서

필자가 사는 교토시 북구에 '히라노平野'라는 신사가 있다. 교토가 수도가 된 794년 당시 일본의 덴노 간무桓武(재위 781~806)의 명으로 세워진 유서 깊은 신사다. 요즘은 밀도 높게 심어진 400여 그루 벚나무가 일제히 꽃을 피우는 벚꽃 명소로 이름이 높다. 산책코스의 하나였던 이 벚꽃 신사가 필자의 역사답사 현장이 된 것은 『교토 속의 조선』(박종명 편저)이란 책을 발견하면서였다. 총련계로 여겨지는 동포 세 분이 교토 시내에 산재한 한반도 관련 역사 유적을 샅샅이 찾아내 쓴 책이다(노고에 감사드린다). 동네에서 좀 떨어진 중고서점에서 선 채로 '히라노신사와 백제' 편을 읽고는 곧장 신사로 달려갔던 기억이 새롭다.

히라노신사는 교토의 대표적인 '백제계' 신사이다. 이와 관련한 유명

교토의 대표적인 백제계 신사 히라노의 도리이. 요즘 교토시민들에게는 벚꽃 명소로 유명하다.

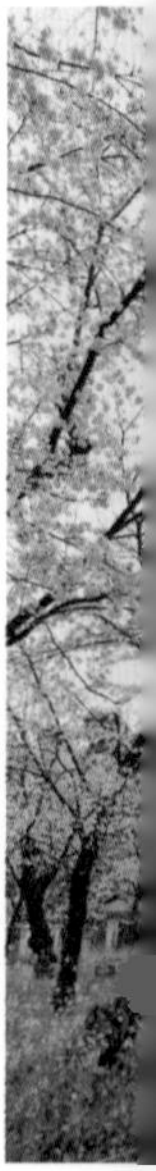

한 발언이 있다. 2001년 당시 일본 아키히토 덴노가 68살 생일 기자회견에서 "간무덴노의 어머니가 '백제 무령왕의 자손'이라고 역사(『속일본기』)에 기록된 사실에서 한국과 깊은 인연을 느낀다"고 말한 것이다.

당시 일본 언론들은 이 발언을 거의 보도하지 않았다. 역설적으로 그만큼 '충격적'이었다는 뜻이다. 사실史實이 아니어서가 아니라 발설해서는 안 되는 일종의 '금기'를 덴노 자신이 건드렸기 때문이다. 히라노 신사는 아키히토 덴노가 깊은 인연을 느낀다고 한 간무덴노의 어머니 다카노노 니가사高野新笠와 깊은 인연이 있는 신사이다.

아무튼 이런 히라노신사의 내력을 알거나 관심을 가지는 일본인은 이제는 별로 없는 것 같다. 아직도 나무판자로 안내문을 만드는 교토에서는 보기 드물게 첨단(?) 터치스크린 안내판을 설치한 히라노신사 쪽도 이에 관해서는 언급이 없다.[21]

---

15 신사에는 1980년대부터 "간무 천황의 헤이안 천도 때 생모인 다카노노 니가사를 중심으로 당시 대륙문화를 도입했던 사람들이 도읍 형성에 신진기술을 구사하여 공헌한 공적은 크다. 이마키 신은 당시 야마토 씨의 먼 조상인 백제 성명왕이다…"라는 요지의 '히라노 유서약기由緒略記'가 게시되어 있었다고 하는데 현재 안내문에서는 찾아볼 수 없다.

한국인이 히라노신사를 이해하는 포인트는 두 가지다. 모시는 신의 성격, 그리고 신을 모신 사람이 누구냐이다.

히라노신사는 이마키, 구도, 후루아키 그리고 히메라는 이름의 네 신을 모시고 있다.[22] 신사의 설명에 따르면 이마키는 원기활력의 신, 구도는 생활안정의 신, 후루아키는 나쁜 기운을 물리치는 신, 여신 히메는 생산력의 신이라고 한다. 그러나 이런 의미는 후대에 붙여진 것이고 원래는 실존했던 인물을 신으로 기린 것이다.

우선 신사의 주신 격인 이마키 신을 살펴보자. 이마키의 한자 '今木'은 본래 같은 발음의 '今来'(이마키)이다. 『일본서기』 웅략 7년조에 백제에서 막 도착한 사람을 두고 '금래今来의 재기才伎'라고 한 기록이 있다. 일본 발음으로 '이마키노데히토'이다. '최근 백제에서 온 기술자'라는 뜻이다. 즉 "새로운 기술을 가지고 이제 막 백제에서 온 사람"이 이마키인 것이다.

『교토 속의 조선』에 따르면, 야마토 지방의 금래군(현재 나라현 다케치高市군)에 모여 살던 백제도래인 아야씨漢氏[23]들의 신이 이마키였고 그 이마키 신을 궁중에 모신 사람이 바로 덴노의 어머니가 된 다카노노 니가사라는 것이다. 현재의 히라노신사는 간무가 교토로 천도하면서 어머니가 모시던 이마키 신을 다케치에서 새 도읍지로 옮겨온 것이다.

---

22 이 네 신을 모신 본전은 그 특별한 건축형태로 인해 모두 일본의 중요문화재로 지정돼 있다.

23 고대 일본의 도래계 성씨 중 신라계 하타씨와 더불어 최대의 백제계 성씨이다.

히라노신사 본전. 히라노신사는 궁 밖의 궁중신사이기 때문에 방향이 동쪽을 향하고 있다. 4개의 신전이 2개씩 붙은 형태로 세워져 있다.

신사의 네 번째 신인 히메는 나중에 히라노신사가 황실수호신으로 격이 높아질 때, 다카노노 니가사 또는 다카노노의 모계 쪽 씨신을 모신 것이 아닌가 여겨진다고 한다.

중간의 구도와 후루아키라는 신은 그러면 누구일까. 일본 근대의 저명한 동양학자인 나이토 고난은 구도를 백제 구수(?~384, 재위 375~384)왕으로, 후루아키를 백제 비류(?~18)왕과 초고(?~375, 재위 346~375)왕에 비정했다. 신사에서는 이설異說로 치지만, 에도시대 국학자 반 노부토모는 이마키 신을 성왕(?~554, 재위 523~554)으로 보기도 했다. 누

히라노신사 본전으로 들어가는 입구의 수양버들벚꽃

가 돼도 다 '백제왕'이다. 그런데 왕인 구도가 세월이 흘러 민중 사이에서 '부엌의 신'이 된 것이 재미있다. 한마디로 '굴뚝 신'이기 때문이다. 구도 신은 가마도 신이라고도 하는데 '가마도'는 한자로 조竈, 즉 부엌이다. 우리말 '가마'와 같고, 우리 민속에서 부엌에 조왕신을 모시는 것과 비슷하다. 부엌은 불을 붙이는 가마와 연기를 뽑아내는 굴뚝으로 돼 있다. '구도'는 일본으로 건너간 한국어가 대개 그렇듯이 '굴뚝'에서 받침이 탈락한 것이다. 중세기에 닌토쿠仁德라는 덴노가 민가의 굴뚝에 연기가 나지 않는 것을 안타깝게 여겨 세금을 면해주자 백성들이 그를 히라노 신으로 모셨다는 전설이 있다는데, 이 역시 '구도=굴뚝' 설의 신빙성을 높여주는 일화가 아닐까.

교토 서쪽 외곽 지역은 오하라(백제계), 오에(다카노노 니가사의 모계 씨족) 등의 성씨에서 나온 지명이 여전히 남아 있다. 그 오에산 기슭에 다카노노 니가사의 무덤이 있다. 그녀가 죽은 뒤 아들 간무가 바친 붕전(추존문)이 『속일본기』에 기록돼 있다.

> "황태후, 성은 화和(야마토)씨, 휘는 신립이다. (…) 조상은 백제 무령왕의 아들 순타 태자에서 나왔다. 황후, 용덕숙무하여 일찍이 이름이 높았다. (…) 금상, 위에 오르니 황태부인이라 높이고, 사거하니 존호를 황태후로 하다. 백제의 먼 조상 도모왕은 하백의 딸이 태양의 정기에 감응하여 태어났다. 황후는 그 후예이다."

간무는 어머니 다카노노(화씨 집안은 니가사가 황비가 되면서 다카노노 성을 받았다)의 추존문을 빌려, 자신의 어머니가 태양의 정기에 감응하여 왕을 낳은 하백의 딸(유화부인)의 '후예'임을 내세워 자신이 도모왕, 즉 고구려 동명성왕(주몽)과 백제 무령왕의 계보를 잇는 '태양의 아들'임을 선언한 것이다.

적자인 이복동생을 제치고 44살에 어렵게 즉위한 간무는 정통성 강화를 위해 '왕권신수설'을 내세웠다. 기존의 일본 태양신(먼저 열도에 들어온 가야·신라계 태양신앙)에 대륙(고구려·백제) 태양신을 더해 자신을 '하늘이 내린 덴노'로 포장하고 싶었다. 황태후 추존문은 그런 당시의 정황을 고스란히 반영하고 있다. 한편으로, 이 기록은 8세기 일본에도 고구려 난생신화가 전해진 사실을 보여주는 것이기도 해서 무척 흥미롭다.

이처럼 간무와 니가사는 자신들의 혈통, 즉 고구려에서 백제로 이어진 도래계 계보를 강하게 의식하고 있었다. 간무 집권 뒤 정치는 간무 옹립을 주도한 후지와라 가문과 백제, 고구려 출신의 도래계가 주도했다. 대신 등 고위직을 뜻하는 '의정관' 5명이 고구려와 백제계였던 사례는 이때 말고는 없다고 한다.

교토 천도는 당시 너무 비대해진 불교권력의 정치개입을 차단하려는 목적이 가장 컸지만, 도래계 세력을 빌려 기존 정치세력을 견제하려 했던 데서도 한 원인을 찾을 수 있다. 교토에 앞서 수도로 삼으려 했던 나가오카쿄 지역(교토의 남서쪽에 위치)이나, 최종적으로 새 도읍이 된 교토 지역 모두 하타씨, 백제왕씨 등을 비롯한 도래계씨족들이 모여 살던 도래인의 "나와바리"(땅)였다. 참고로, 간무덴노 치세에 "일본 최초로" 정이

기요미즈데라 전경

대장군에 오른 사카노우에노 다무라마로坂上田村麻呂(758~811)도 다카노노 니가사와 같은 백제계 아야씨 후손이다. 그는 선주민족이 살던 동북방을 평정해 간무로 하여금 열도 통일국가의 기초를 닦게 한 무장이다. 그의 장례식은 덴노 못지않았다는데, 장대한 군장을 하고 동쪽을 향해 선 자세로 매장되었다고 한다. 죽어서도 나라를 지키는 군신軍神이 되어달라는 뜻이었다.[24]

---

24 오늘날 "교토에서 가장 많이 사람들이 찾아가는 관광 1번지" 기요미즈데라淸水寺는 이 다무라마로의 원청으로 세워진 절이다(『교토 속의 조선』). 지금도 기요미즈데라는 절의 개산당에 다무라마로 부부를 모시고 있다. 히가시야마 산정에 있는 쇼군즈카(장군총) 유적도 다무라마로의 무덤이란 전설이 생길 정도로 일본 민중에 강한 인상을 남긴 인물이다.

오에산 기슭의 다카노노 니가사 황후의 무덤. 교토 천도를 단행한 간무왕의 생모이자 히라노신사의 모태이다.

오에산 기슭 길가에 무덤 위치를 알리는 '환무천황어모어릉참도'라고 한자로 쓴 표지석이 있고 산도를 따라 5분쯤 걸어 올라가면 '다카노노니가사오에릉高野新笠大枝陵'이 나온다. 능은 마치 후시미모모야마에

다카노노 니가사 황후 능묘의 표지석

있는 아들 간무의 무덤을 규모만 축소해 놓은 듯이 비슷하다. 무덤은 비교적 잘 정비돼 있었다. 찾아오는 이는 거의 없어 보였는데, 1200년도 더 지난 사람이니 그리 이상한 일은 아니다. 당분간도 방문객으로는 필자가 유일하지 않을까 싶은 생각이 들어 잠시 묵념으로 천년의 예를 대신했다. ◇

히라노신사	교토시 기타구 히라노 미야모토초 1	hiranojinja.com
다카노노니가사오에릉	교토시 니시쿄구 오에 쿠쓰카케초	
간무덴노릉	교토시 후시미구 모모야마초 나가이규타로	
기요미즈데라	교토시 히가시야마구 기요미즈 1	kiyomizudera.or.jp

6. 세키잔선원 赤山禪院

장보고, 해신이 되다

소설가 최인호(1945~2013)가 2003년 발표한 『해신』은 통일신라 시대 때 국제무역으로 이름을 떨친 '해상왕' 장보고(?~846)를 모델로 한 역사소설이다. 이 소설은 나중에 드라마, 다큐멘터리 등으로도 만들어지며 큰 인기를 누렸는데, 한·중·일을 넘나드는 장보고의 활약상이 당시 세계화라는 흐름과 맞아떨어졌다.

그런데 소설가는 역사서에 단편적인 기록으로 존재한 장보고를 '해상왕'으로 연결짓는 영감을 뜻밖에도 일본의 '신라묘진'에서 얻고 있다. 일본어로 '묘진', 즉 명신明神이란 일본 불교에서 부처가 세속에 환생한 신을 가리킨다. 이 역시 신부츠슈고(신불습합)의 결과인데, 일본에서는 9세기 무렵 신라명신이란 이름의 '묘진'이 절이나 신사에 모셔지

세키잔선원 본전 앞. 본전에는 신라대명신을 그린 그림이 있다고 하는데 일반에게는 비공개이다.

기 시작한다. 소설대로라면 장보고가 이 '신라묘진'의 원조 격이 되는 것이다.

최인호의 상상대로 장보고가 신라묘진의 원조라고 단언할 증거는 없지만, 신라의 신을 '다이묘진'(대명신)으로 삼아 창건된 절이 교토에 실재하는 것만큼은 사실이다. 교토시 동북쪽 히에이잔 산기슭에 있는 '세키잔선원赤山禪院'이 그곳이다. 세키잔은 오늘날의 중국 산둥성 문등현 츠산赤山촌으로, 장보고 해상무역단을 비롯한 신라인 거주지 '신라방'이 있던 곳이다. 신라인들은 이 신라방에 '적산법화원'이란 절을 짓고 안전한 무역 항해를 기원하고 있었다. 이 적산법화원에서 이름과 신을 모셔와 지은 절이 교토의 세키잔선원이다.

교토의 겨울 날씨는 영하로 내려가는 날이 드물지만, 은근히 오슬오슬하게 추운 '소코비에底冷え'(몸속으로 파고드는 추위) 속에 찾아간 세키잔선원은 진입로부터 '세키잔다이묘진赤山大明神'이라고 쓴 석조 도리이가 손님을 맞이한다.

산문 안쪽의 초대형 석등은 보는 이가 한국인이라서 그럴까 싶을 정도로 '한국적'이다. 넓지 않은 경내에 불전과 신사를 사이좋게 배치해 놓고 있다.

세키잔선원은 일본 천태종의 중흥조인 지카쿠慈覺대사 엔닌円仁(794~864)의 유언에 따라 서기 888년 현재 위치(교토시 사쿄구)에 세워졌다. 이 자리는 옛 황궁에서 보면 동북방 귀문(사악한 기운이 드나드는 곳)이고, 천태종 총본산인 히에이잔 엔랴쿠지延曆寺 절에서 보면 남서쪽 귀문에 해당한다고 한다. 즉 황실과 엔랴쿠지로 향하는 나쁜 기운을 막는 수호사찰로서 절을 세웠음을 알 수 있다.

엔닌은 당나라 유학 시절 장보고 해상무역단을 비롯한 신라인에게 많은 신세를 졌다. 적산법화원에서 신라 불교를 배웠고, 불경을 갖고 귀국할 때도 신라 배를 타고 돌아왔다. 그가 귀국한 뒤 장보고에게 보낸 편지에는 은혜에 감사하는 마음이 절절하게 표현돼 있다고 한다.[25]

엔닌이 죽으면서까지 수호사찰을 짓고 거기에 신라묘진을 모시려 한 것은 개인적인 보은도 있겠지만, 당시 신라 해상무역 세력이 천태종 교세 확장에 큰 도움이 됐기 때문일 수 있다(장보고가 암살되면서 그의 '해상왕국'은 와해했지만 주축 세력은 일본으로 망명해 규슈 일대에서 '일본무역상'으로 새롭게 거듭나고 있었다).

절 안내문에는 세키잔다이묘진을 중국 도교의 신인 '태산부군'에서 나왔다고 설명하지만, 이런 유래를 알면 세키잔다이묘진이 중국 신이 아니라 신라 신임을 금세 느낄 수 있다. 그리고 왜 신라신을 수호신으로 삼았는지도 알 수 있다. 오늘날에도 일본의 절과 신사에 가보면, '기도영험' 리스트에 '교통안전'이 빠지지 않는다. 오래전 난파의 두려움 속에서 바다를 건너온 일본의 고대 관념이 일본이 세계 최고의 교통안전 선진국이 된 오늘날까지도 무의식 속에 전승되고 있는 생생한 증거가 아닐까 한다.

---

25 엔닌, 『입당구법순례행기』. 정재정, 『교토에서 본 한일통사』, 효형출판사

절의 본전에는 세키잔다이묘진의 화상이 안치돼 있다고 한다. 불교 사천왕의 하나인 비사문천을 닮은 무장의 형상을 하고 있다는데, 고대 일본인들이 상상한 신라명신, 즉 '장보고의 화신'을 볼 기회였는데 비공개여서 무척 아쉬웠다. 세키잔다이묘진은 오늘날에는 불법과 황실 수호신이 아니라 부귀와 장수 등 칠복을 내려주는 신으로 받들어지고 있다.

한편, 세키잔선원에는 '곤金'이라는 이름의 신사가 딸려 있다. 절 창건 36년 뒤인 924년에 세워진 이 신사에는 신라다이묘진을 비롯한 7위의 '도래계' 묘진이 모셔져 있는데, 세키잔선원에 두 번씩 갔는데도 안내문이나 표지가 없어 찾아볼 수 없었다. 그런데 세키잔선원 근처의 황실정원(슈가쿠인리큐) 구경을 갔다가 관람대기 시간을 보내려고 다시 들렀을 때 볏짚 가자리(신사 장식물)에 가려져 있는 신라명신 편액을 발견하고는 되레 내가 깜짝 놀라고 말았다. 사실 손을 대서는 안 되는 신사에 그날따라 나도 모르게 손이 갔다가 예기치 않게 신라명신과 만나게 된 것이다.

가자리 안쪽에 7신의 위패가 나란히 모셔져 있었다. 가운데 신라대명신을 중심으로 마쓰오대명신, 가모대명신, 히라노대명신 등 신라계와 백제계 명신이 나란히 있고, 나머지 3위도 도래인의 항해 안전을 비는 신과 지장보살의 현신이었다. 곤신사 역시 시초는 교토 지역에 살던 도래계 씨족집단이 안전 항해를 빌기 위해 신라명신을 모신 신사였던 것이다.

세키잔선원의 섭사인 곤金신사. 곤신사에는 신라대명신을 비롯한 7위의 명신이 모셔져 있는데, 지장보살을 뺀 나머지는 신라와 백제계 도래인의 신이다.

그런데 신사 이름이 어째서 돈金을 뜻하게 됐을까? 신사 정면에 걸어 놓은 금신궁金神宮이라고 쓴 등은 차라리 "다른 이름은 묻지 마세요"라고 말하는 듯했다. 신사의 유래를 모르는 사람들은 이 신사가 본래 신라명신을 모신 신사임을 알기란 불가능할 것이다. 절 안내도에는 아예 곤신사 표시가 없고 미야코칠복신을 모신 신당 옆에 이정표만 있을 뿐이었다. 오랜 세월에 따른 변화일까? 아니면 '도래인 이야기는 이제 그만'이라는 뜻일까?

세키잔선원으로 들어서는 진입로의 석조 도리이. '세키잔다이묘진赤山大明神'이라고 쓴 편액을 걸고 참배객을 맞고 있다.

1100여 년 전 부처와 왕권을 지키는 수호신으로 세워진 세키잔선원은 오늘날에는 재액을 막고 복을 비는 '방제기복처'가 되어 있다. 특히 상인에게 영험하다 하여, 세키잔다이묘진 젯날인 5일 절에 참배하고 수금에 나서면 돈이 잘 걷혀 상인들 사이에 '5일 지불'이라는 관습까지 생겨났다고 한다. 곤신사도 돈이 새나가는 것을 막는 데 효험이 있는 신사로 알려져 있다니, 신라 신의 영험함이 바다 건너에 넓게도 퍼졌구나 싶다.

무사 항해를 비는 신라 신이 일본으로 건너와 불법과 황실 수호신이

세키잔선원의 미야코都 칠복신. 지금의 절은 부귀, 장수 등 인생의 7가지 복을 가져다 준다는 기복신으로 더 인기가 있다.

됐다가 점차 민중 속으로 들어가서는 "돈을 지키는" 신이 되어 있다. 한국이나 중국의 사찰이나 교회, 신당도 별반 다르지 않다. 돈과 권력의 박해를 받고 고난을 당한 성인의 사원에 사람들은 '부자 되게 해달라'고 빌러 온다.

곤신사에 안치돼 있는 신라대명신의 위패. 세키잔선원이 장보고를 비롯한 신라인들과 깊은 유대가 있었음을 말해준다.

가을 단풍으로 유명한 세키잔선원의 산문을 들어서면 왼쪽에 대형 석등이 하나 서 있다. 첫눈에 봐도 한국적인 느낌이 물씬 난다.

일본에 와서 세키잔의 신라대명신에게 '교토 무사안착'을 신고하려던 봄의 계획은 겨울이 돼서야 이뤄졌다. 우연히 세 번이나 찾아가게 된 필자의 '정성'이 적산촌 신라방의 신라대명신 아니, 장보고의 혼에게라도 가 닿은 것일까. ◇

세키잔선원	교토시 사쿄구 슈가쿠인 가이콘보초 18

7. 미이데라 신라젠신도 三井寺 新羅善神堂

사무라이 중의 사무라이, 그 집안 이름에 감춰진 비밀

일제의 2차대전 패망 뒤 없어진 일본의 구 화족(귀족계급) 가운데 최소 18개 가문이 한 사람을 조상으로 하고 있다. 미나모토노 요시미쓰源義光(1045~1127)라는 헤이안시대의 무장이다. 혈통상 황계皇系에서 파생했다는 이 미나모토源 가문은 본래 일본 도호쿠東北지방의 무사 집안이다. 미나모토노 요리토모(1147~1199)가 일본 최초의 사무라이 정권인 가마쿠라막부(1192~1333)를 세웠고, 두 번째 무로마치막부(1336~1573)의 아시카가足利 집안도 미나모토 가문의 방계를 자처했다. 간토關東의 일개 지방 무사에서 일본 사무라이의 '원조'처럼 된 전통의 부케武家이다.

미나모토노 요시미쓰는 이 가문의 3대째 인물로 정식이름은 미나모

ⓒSaigen Jiro

교토부 시가현 오쓰시에 있는 미이데라 절의 신라젠신도. 건물과 안에 안치된 신라명신좌상은 일본 국보이다.

토노 신라사부로 요시미쓰源新羅三郎義光이다. 이름에 '신라'가 들어간 이 사무라이의 무덤이 교토시 동쪽 오쓰大津시의 큰 절 미이데라三井寺에 있다. 미이데라에는 신라명신상을 안치한 신라젠신도新羅善神堂(신라선신당)이 숲속에 있는데 요시미쓰의 무덤과 그리 멀지 않은 곳이다.

교토의 신라신사를 답사 중인 필자의 발길이 오쓰에까지 닿은 것은 신라선신당의 존재뿐 아니라 신라사부로라는 인물에 대한 호기심이 작용해서이다. 신라사부로는 사후에 신라명신이 되어 쇼군을 배출한 미나

미이데라 절의 관음당에서 바라다본 비와코 호수. 높은 망루에서 내려다보는 경관이다.

모토 가문의 여러 신사에 모셔져 있다. 교토에서 비와코琵琶湖 호수로 가는 길목에 있는 오쓰는 일본 10대 고도의 하나로 꼽힐 만큼 역사가 오래된 도시이다. 5세기 무렵에 백제계 도래인들이 개척하고 신라와 가야계가 함께 섞여 살던 고대 도래인의 고장이다. 특히, 백제 멸망 후 백제 관료 귀실집사鬼室集斯를 비롯한 최소 3천명 이상의 대규모 유민들이 이주한 곳으로 일본에서도 잘 알려져 있다.

또, 7세기의 오쓰는 백제-일본연합군이 백촌강전투에서 신라-당연합군에 패하여 백제가 최종적으로 멸망한 뒤(663), 나당연합군이 쳐들어올 것에 대비해 당시 친백제계 조정이 옮겨간 일종의 '전시 수도'였다(667). 그런데 672년 일어난 쿠데타로 정권이 친신라계로 바뀌면서 오쓰는 폐도가 됐다. 그 역사의 자취가 오쓰쿄大津京라는 지명으로 현재까지 남아 있다.

천태종 사문寺門파의 본산인 미이데라는 가서 보면 절이 아니라 본래 성채였음을 알 수 있다. 절 경내에서 바라다보는 비와코 풍경도 높은 성루에서 내려다보는 경관이다. 미이데라는 백제계 씨족의 신사였다가 정권이 바뀐 뒤 '신라계' 절(686)이 된 것으로 여겨진다. 859년 천태종 고승 엔친이 쇠락한 절을 다시 일으키고 선배 엔닌처럼 적산법화원의 신라신을 모셔다 신라선신당을 지었다. 이후 미이데라의 신라명신은 교토 지방 천태종 계열의 여러 절에 수호신으로 모셔졌는데, 신라사부로에 이르러 미나모토 가문의 수호신까지 된 것이다. 미나모토 가문 계열의 신라신사는 모두 이 미이데라 신라선신당에 뿌리가 있음을 내세운다고 한다.

신라사부로의 무덤은 절에서 나와 오쓰시역사박물관 뒤쪽 숲길(동해자연보도)을 따라 10여 분간 걸으면 나온다(무덤에서 10분쯤 더 가면 신라선신당이다). 묘역은 석조 도리이와 참배도, 석등, 석담 등의 형식이 제대로 갖춰져 있고, 둥근 봉분 위에 특이하게 나무 한 그루가 심어져 있다. 무덤 양쪽에는 '신라공묘비'와 오쓰시교육위원회가 설치한 안내판이 서

일본 사무라이계급의 '원조'로 추앙되는 미나모토노 신라사부로요시미쓰의 무덤. 현재의 무덤은 1879년 재정비된 것이다.

있다. 우선 '신라공묘비'를 읽어본다. "신라원공新羅源公의 후예"로서 귀족 작위를 받은 18개 가문이 합동해서 1879년 무덤을 새로 단장하고 후손의 번창을 기원하며 봉분에 꽃나무花樹를 심었다는 내용이다. 또한 요시미쓰는 여러 파생 가문들에게도 '신라공'이라고 불리며 자랑스럽게 전승되어왔다는 사실도 알 수 있었다.

1987년 설치된 안내판에는, "신라사부로는 미나모토노 요시미쓰로, 미나모토노 요리요시源頼義의 아들이다. 형으로 요시이에, 요시쓰나가

신라사부로 무덤 옆의 신라공묘비新羅公墓碑. 신라사부로 후손으로 귀족이 된 18개 가문이 묘역을 정비하고 가문 번창을 소원하며 봉분을 쌓고 나무를 심는 등 신라공을 기린 내용을 담고 있다.

있다. 신라사부로는 신라명신을 모신 신라선신당 신전에 원복(성인식)하고 그것을 기념하여 받은 이름이다. 형들도 모두 자신이 원복한 신의 이름을 받아 요시이에는 하치만타로八幡太郎, 요시쓰나는 가모지로賀茂二郎라는 이름을 가지게 되었다"라고 쓰여 있다. 한편 신라선신당 앞에 일본문화청이 세운 안내문은 "요시미쓰가 신라명신의 사전에 원복하고 신라사부로가 되었기 때문에, 미이데라 절은 가와치겐지河內源氏 일문을 비롯해 가와치겐지의 계보를 이은 아시카가 가문의 존숭을 받게 되었다"고 하고 있다.

이상을 요약하면 미나모토노 요시미쓰는 가와치겐지 가문의 아들로 태어나 신라선신당에서 성인식을 치르고 '신라사부로'라는 이름을 받았고, 역대 두 막부의 조상으로 높임을 받았으며, 그 자손이 최소 18개 이상의 여러 성씨로 나뉘어 번창했음을 알 수 있다. 일본 16세기 전국시대의 유명한 무장 다케다 신겐武田信玄 집안도 신라사부로의 후손이다.

그런데 필자의 관심을 특히 끈 것은 이 미나모토가의 출중한 삼형제가 성인식을 치른 신사들이었다. 요시미쓰의 신라선신당뿐 아니라, 두 형이 받은 하치만八幡과 가모賀茂 신중, 하치만은 신라계 대호족 하타秦씨와 관련있는 신으로 여겨지며,[26] 가모는 하타씨와 '혼인동맹'을 맺고 교토 지역을 양분해 다스린 도래계 호족의 조상신이다.

---

26 하치만八幡의 본래 독음은 '야하타'로, 하치만신八幡神은 '모든 하타씨의 신'이라는 의미이다. 김달수, 『일본 속의 한국문화』.

적자 삼 형제를 모두 '신라계' 신사에서 성인식을 치르고 이름을 붙여준 아버지 요리요시의 의도가 궁금하지 않을 수 없다. 이 집안은 원래 뿌리가 도래계, 특히 신라계가 아니었을까? 통일전쟁이 끝난 뒤 어느 화랑의 후예가 일본으로 건너와 가문을 이룬 것이 아닐까?[27]

미나모토 집안의 본거지, 즉 본관은 '가와치河內'이다. 지금의 오사카 지역에 속하는 가와치국 이시카와石川군 일대라고 하는데, 백제 멸망 뒤 일본으로 망명한 백제왕실 및 귀족들이 많이 모여 산 고장이라고 한다. 오쓰 지역은 신라계가 많은 고장이었는데, 5세기 후반 가와치 일대에서 백제계가 대거 이주해 오면서 함께 살게 된 곳이다.

그래서 미이데라 절도 신라계와 백제계 양쪽 모두와 인연이 깊다고 한다. 천태종 개조인 사이초, 그 제자들인 엔닌과 엔친 등이 모두 이 지역 출신의 도래계라는 설도 존재한다.

미이데라의 원 이름은 온조지園城寺(원성사)이다. 이 '園城'의 훈독은 소노키로, '소노'는 옛 일본말로 신라를 의미한다. 이처럼 미이데라가 신라명신을 모신 데는 이 절의 배후에 신라계 씨족의 '입김'이 깊이 배어있기 때문이 아니었을까. 미나모토 가문 역시 그 '배후'의 일원은 아니었을까…. 역사적 상상력이 꼬리를 문다.[28]

---

27 공식적인 미나모토씨 가계보家系譜에 따르면, 미나모토 가문은 간무덴노桓武天皇의 후손이다. 신라사부로의 외가 가문 간무헤이시桓武平氏도 간무덴노를 조상으로 삼고 있다.

깊은 숲속에 고즈넉하게 자리잡은 신라선신당은 건물뿐 아니라 신사 안에 안치돼 있다는 신라명신상도 국보로 지정된 탓인지 일반 관람을 허용하지 않았다. 아쉬움에 신사 주변을 돌던 중 울타리 격자무늬 창살 사이로 안을 들여다보았다. 그런데 본전 오른쪽에 작은 사당이 하나 있다. 어쩌면 저것이 신라사부로를 모신 신전이 아닐까 싶어 살펴보는데, 파란 병 하나가 눈에 들어온다. 영락없는 소주병이다. 자세히 보니 술병이 4개다. 소주병 하나, 사케병 둘, 그리고 막걸리로 짐작되는 병이 나란히 있다. 누군가 이런저런 '내력'을 아는 이가 신라사부로에게 올린 것이리라.

언젠가 다시 이곳을 찾을 기회가 있으면 그때는 꼭 소주와 사케를 한 병씩 사들고 와서 음복해 보리라 다짐하니, 오쓰쿄역으로 돌아가는 발걸음이 한결 가벼워진다. ◇

미이데라(온조지)	시가현 오쓰시 온조지초 246	miidera1200.jp

---

28 시즈오카静岡현 도오토미遠江에 있는 미나모토 일문의 신라명신당 「신라대명신사기祀記」에는 "오미近江(현재의 오쓰시 지방)의 신라명신은 미나모토씨의 조상신"이라고 하는 대목이 있다고 한다. 『일본 속의 한국문화』를 쓴 김달수는 이를 근거로 오미의 미나모토씨를 신라계 도래인 출신으로 보았다. 그런데 도오토미 인근 오가사小笠군 기쿠가와菊川시 일대에도 신라신사가 있는데, 이 지역은 고대 하타씨 자손이 다스리던 신라도래계 거주지였다. 『일본 속의 한국문화』, 『신라신사와 고대일본』.

8. 사라져가는 교토의 신라신사들 消えゆく京都の新羅神社

민중 속으로 들어간 신라인들의 흔적

1939년생인 데와 히로아키 선생이 늘 건강하기를 바란다. 한번도 뵌 적이 없지만 선생이 쓴 『신라신사와 고대일본』(초간 제목은 '신라신들과 고대일본')이 이 소략한 교토 신라신사답사기를 촉발시켰다.

은행원이었던 선생은 1980년대 중반, 오쓰시 미이데라三井寺 절의 장리(절 행정 책임자)와 교분을 갖게 되었는데, 그로부터 "우리 절에 신라신사가 있다. 이런 이름의 신사가 전국에 있는데 연구하는 사람이 없다"는 '가르침'을 받고 신라신사를 찾아나서기 시작했다고 한다.[29] 선생은 20여 년간 전국 29개 도도부현을 답사한 내용을 모아 2004년 책을 펴

29 일본 신사의 원형을 신라에서 찾는 학설이 존재한다.

냈고, 그후 9곳을 추가해 낸 재판(2016년)을 필자가 대학도서관에서 '발견' 한 건 2022년이었다.

선생의 책을 보면 신라신사와 관련해 몇 가지 양상이 특징된다.

첫째, 일본에 신라, 고구려, 백제 3국 신사가 있지만, 숫적으로 신라계가 월등히 많다.

둘째, 신라신사의 계보를 추적해 가면 주신이 대개는 '스사노오노미코토素戔嗚尊'[30]라는 일본 창세신화에 등장하는 신라신(인)에게 집결된다. 이 두 가지는 신라(한반도 남부)가 왜(규슈)와 가장 항해지리적으로 가깝고, 그만큼 도래/교류의 역사도 3국 중 가장 깊었다는 것을 말해준다. '일본日本'이라는 국가정체성이 형성되기 전에 일본열도에 들어가 살던 선주민에 주로 신라계가 많았음을 시사하는 것이기도 하다.

셋째, 고대 신라인들이 일본에 들어온 '루트'는 크게 세 가지다. 북규슈에서 일본 쪽 동해연안을 타고 북진한 루트, 세토내해 연안을 지나 동진한 루트, 그리고 북규슈에서 남규슈로 남진한 루트이다. 이는 고고학

30 스사노오노미코토(素戔嗚命이라고도 씀)에 대해서는 다양한 연구가 있다. 그중 하나가 신라2대왕 남해 차차웅南解 次次雄과 동일인이거나 동일계통의 인물로 보는 설이다. 차차웅 역시 제사장, 즉 무당의 칭호인데, 스사노오노와 일본어 발음도 유사하다. 스사노오노미코토로 불리는 무당巫이 이끄는 신라인 집단이 바다건너 이즈모出雲를 통해 일본에 도래했으며, 스사노오노미코토는 나중에 신부츠슈고에 의해 불교신인 우두천왕, 약사여래 등으로 변하면서 차차 한반도 도래계 공통의 신이 되었다고 보는 것이다.

발굴상 한반도에서의 일본열도 도래경로와 거의 일치한다. 교토를 비롯한 긴키近畿 지방은 지리적으로 동해안루트와 세토내해루트가 만나는 가장 큰 교차지역으로, 결국 국가로서 일본의 탄생지가 되었다.

네 번째로는 신라신의 토착화 내지 현지화의 양상이다. '토착화'는 신라신사의 신들이 서서히 '본적'을 지우고 일본화하는 것이다. 예를 들어 신사 이름이 신라新羅에서 시로기信露貴(또는 白木) 등이 되고 주신도 불교신이나 다른 일본 신으로 대체되는 양상이다. 일본 전역에 보이는 지명 '시라기白木', '시라키志樂木' 등도 애초에 모두 신라를 가리키는 말이었다. '현지화'는 일본에서 태어난 신라신의 등장이다. 일본 중세의 무장 미나모토노 요시미쓰가 신라명신이 되어 일본 전역으로 퍼져나간 것이 대표적이다. 마치 현대의 이민자와 그 문화가 세대를 거듭하면서 토착화, 현지화하는 양상과 다를 것이 없다. 신사의 역사적 변천은 이민자들의 정착과 관련한 정치제도/세력의 변화와 강제, 종교상으로는 신부츠슈고, 주민생활의 필요성(예컨대 신라계라는 이주민 뿌리가 상호 불편한 상황) 등에서 찾을 수 있을 것이다.

어느 정도 책을 살펴보고 나니, 교토 지역만이라도 직접 신라신사를 찾아가보고 싶어졌다.

장보고가 신라명신이 된 세키잔선원과 미이데라 신라선신당을 찾아간 것도 그 여정이었다. 우지시 미무로토지三室戸寺에서는 단독신사로서는 처음으로 신라명신당의 존재를 확인했을 때는 마치 잃어버린 조상의 사당을 찾은 것 같은, 감정의 과잉에 휩싸이기도 했다. 이 신라신사는 미이데라 절의 권청勸請(신의 영을 부름)을 받아 절의 수호신사로 세운 것인데, 모시는 신은 스사노오노미코토와 그의 아들 이타케루노미코토五十猛神이다. 원래 절 경내에 있었는데, 근대의 신불분리정책에 따라 현재의 위치(절 입구 매표소 건너편)로 옮겨졌다고 한다. 절 이름의 미무로三室는 본래 조상신이 태어난 암굴이나 암실岩室을 가리키는 미무로御室였다고 한다. 이런 유래는 이 절도 처음에는 영암靈岩신앙을 바탕으로 한 씨사였음을 알게 해 준다. 즉 이 지방에 들어온 신라인들이 처음에는 산토신産土神(토지신)을 모시다가, 불교가 들어오자 사찰이 되었고, 모시는 신도 점차 부처의 수하권속인 묘진이 되어간 자취이다. 불교라는 거대한 용광로 속에 섞여들어간 신라신의 모습에, 시간의 풍화 속에서 서서히 '토착화'되어가는 도래인의 모습이 겹쳐진다. 미무로토지에는 어떤 연유에서인지, "조선에 청해서 맞이해온" 조종弔鐘의 용두가 남아있다고 한다.[31]

신라신사의 토착화 양상을 잘 보여준 신사는 교토시내 한복판 나카교

---

31 데와 히로아키, 『신라신사와 고대 일본』.

교토부 우지시 미무로토지 절의 신라대명신 사당. 석조 도리이에 '신라대명신'을 붉은 글씨로 새긴 석조 편액을 걸어놓고 있다. 신라명신을 모시고 있음을 전면에 내건 드문 신사이다. 원래는 절 뒤 산속에 있던 것을 1955년 현재 자리에 재건했다고 한다.

고대 신라인이 신이 된 스사노오노미코토를 모시고 있는 나카야마 신사. 794년 교토 천도 당시 궁궐을 지키는 수호신사로 건립됐다고 한다.

구의 주택가에 숨은 듯이 서 있는 나카야마中山신사였다. 나카야마라는 신사이름은 이 터에 저택이 있었던 중세 권신의 이름에서 유래하지만, 신사 자체는 교토 천도 당시 대궐의 석창을 지키는 신을 제사하기 위해 간무덴노의 칙령으로 세운 것이었다고 한다. 신사를 세울 당시 이 대궐

나카야마신사는 교토시 나카교구 이와가미초 주택가 집들 사이에 끼여 있다. 1788년 재건된 이래 용케도 제자리를 지키고 있다.

수호신사의 주신도 스사노오노미코토였다고 하니 고대 일본민중들이 느끼고 있던 이 신의 '친화력'을 짐작할 만하다. 그러나 이 신사가 풍파 많은 교토 한복판에 지금까지 건재할 수 있었던 것은 칙령신사라는 '족보'와 함께 터잡은 나카야마 가문의 '권세'에 힘입은 것이 아닐까. 나카야마신사는 1602년 니조성이 지어질 때 궁에서 현재의 자리로 옮겨졌고, 건물은 1788년 불탄 뒤 재건한 것이라고 한다.

그러나 신사쪽은 이와岩(바위)신사라는 속칭을 더 좋아하는 것 같다. 신사 도리이의 편액도 이와가미미야岩上宮(암상궁)이다. 신사 자리에 거암이 있어서 헤이안시대 이래 여성들로부터 모유의 신으로 섬김을 받았다고 한다.

이처럼 교토에는 조상신이 바위를 타고 하늘(바다)에서 왔다는 석주石舟신앙, 조상신에게 제사를 지낸 바위가 그대로 신이 된 반좌磐座신앙 등 신석신앙의 자취가 곳곳에 남아 있다.

교토 동북쪽 교외 지역 이와쿠라岩倉에 이와쿠라石座신사가 있다. 역시 도래인들의 신사였다. 7세기 이곳 가마터에서 발굴된 기와와 동일한 것이 교토 서북쪽 신라계 호족 하타씨의 폐사지에서도 발굴되었다. 학자들은 이 두 지역이 같은 '도래의 끈'으로 연결되어 있었다고 본다.

이와쿠라신사는 그 이름처럼 제사를 지내던 바위를 신으로 삼아 880년 이전에 처음 세워진 것으로 여겨진다. 현재의 신사는 971년 근처에 다이운지大雲寺 절이 세워질 때 수호신사로 창건된 것이라고 한다. 신사에는 동서 두 개의 신전에 모두 12신이 합사돼 있다. 동사는 주신인 이와쿠라石座를 필두로, 신라新羅, 하치만八幡, 산노山王, 카스가春日, 스미요시住吉, 마쓰오松尾, 가모賀茂를 제사하고, 서사는 여기에 이세伊

교토시 사쿄구 이와쿠라에 있는 이와쿠라신사. 880년 이전에 신라도래인 하타씨의 씨신을 모신 신사였다. 현존하는 신사는 971년 인근 다이운지 절이 창건될 때 수호신사로 세워진 것이다.

이와쿠라신사의 유서비. 이와쿠라를 비롯해 신라, 하치만 등 12위의 도래계 신을 제사하고 있음을 알게 해준다.

勢, 히라노平野, 기부네貴船, 이나리稲荷를 더하고 있다. 여기에서 다 설명할 수 없지만, 대부분 신이 신라와 관련이 있는 가운데, 교토를 세운 간무덴노와 밀접한 백제계 히라노신이 끼어 있는 것이 이채롭다. 도래계 신들을 한 자리에 모아 놓은 이유는 정확히 알 수 없다고 한다. 다만, 이와쿠라신사가 창건된 10세기 후반 무렵은, 한반도 도래계 자손들이 일본 역사의 전면에서 사라져가던 시대임을 감안하면, 어떤 정치사회적 변화나 대규모 주민 이동 등이 있었던 게 아닌가 추측해 볼 뿐이다.

이와쿠라신사 옆의 폐사지는 사라져 간 신라신의 '운명'을 보여준다. 지금은 노인요양시설이 되어 있는 자리에는 본래 다이운지大雲寺라는 천태종계의 큰 절이 있었다. 이 절에도 미이데라가 권청한 신라명신당이 있었으나, 1985년 요양시설이 들어설 때 없어진 것으로 추정된다. 1982년 출판된 옛 그림책 「쇼와교토메이쇼즈에昭和京都名所図会」 속에 신라명신당이 있던 자리를 찾아가보았더니, 주차장과 작은 흡연휴게소가 있었다. 휴게소 기단으로 사용된 석조와 뒤에 쌓여 있는 옛기와들만이 흔적을 짐작케 할 뿐이다. 의도적으로 신사를 없앤 것은 아니겠으나, 주변에 그림 속의 조경폭포와 우물, 절 창건 승려 무덤은 비교적 온전히 남아 있는 것을 보니 상대적으로 안타깝고 씁쓸한 기분이 드는 건 어쩔 수가 없었다.

교토에서는 이처럼 수많은 절과 신사가 화재나 전란, 개변으로 사라졌다. 신라신사라고 해서 예외는 아닐 것이다. 오히려 더했을 것이다. 땅속에서 기록 속에서 다시 그 이름이 불려지길 기다리는 신들이 얼마나 많을까.

옛 교토의 궁성에 있었다는 소노가라가미노야시로園韓神社 신사는 지금은 사라지고 없는 신라신사이다. 소노가미園神 1위, 가라가미韓神 2위를 모신 격이 높은 궁내청 제사의 신사였다고 한다. 신사는 오닌의 난(1467~1477) 때 소실된 뒤 다시 세워지지 않았다. 위치는 현재의 교토시 2조 아동공원 부근으로 비정된다.

신사 이름의 '소노園'는 신라를 가리킨다. '가라韓'는 도래계 신의 총칭이지만 여기서는 가라쿠니辛国처럼 신라신으로 본다(백제를 가리킨다는 설도 있다). 교토 건설을 후원한 하타씨족 대수장이었던 하타노가와카쓰秦河勝의 저택 자리가 황궁이 되었다는 것을 고려하면, 신사는 본래 하타씨의 지주신사였을 가능성이 높다. 데와 선생에 따르면, 소노가라신제, 즉 원한신제園韓神祭는 지금도 일본 궁중 제사에서 거행된다고 하는데, 가라가미, 즉, 한신韓神은 제사 마지막에 노래로 불려진다고 한다. 그 신락가神樂歌의 마지막은 "미시마무명三島木綿, 어깨에 걸치고 우리 한신韓神, 가라가미를 불러오세, 가라가미를 불러오세"라고 한다.[32]

---

32 『교토·산성사원신사대사전』 등. 데와 히로아키, 『신라신사와 고대 일본』, 同成社.

한국인과 일본인이 외국에서 만나 친해지면 두 가지에 놀란다는 말이 있다. 처음엔 "왜 이렇게 똑같은 거야?"라며 놀라고, 나중에는 "왜 이렇게 다른 거지?"라고 해서 놀란다고 한다. 『총, 균, 쇠』의 저자 재러드 다이아몬드의 말처럼 쌍둥이 형제가 오랫동안 헤어져 살다가 다시 만날 때 느끼는 동질감과 거리감일 것이다. 지금의 한일관계에 대해서는 필자도 하고픈 말이 많지만 각설하고, 민중의 마음이야 어느 시대, 어디서나 같은 것이란 역지사지易地思之의 진리를 두 나라가 헤아려가며 서로를 상대했으면 하는 게 필자의 소박한 생각이다. ◇

나카야마신사

교토시 나카교구 이와가미초 748

https://ja.kyoto.travel/tourism/single02.php?category_id=9&tourism_id=190

이와쿠라신사

교토시 사쿄구 이와쿠라 아구라초 302

미무로도지

교토부 우지시 오쿠노이케 토도

https://www.mimurotoji.com

5 한국인들의 도시, 교토 거닐기

한국인의 시선으로 완성되는, 교토의 인상적인 장소 5선

1. 조선통신사가 지나간 장소들 朝鮮通信使の京都

'덴노도 숨어서 본다'는 행렬을 뒤쫓다

해마다 교토에서는 조선시대 일본방문 사절단인 조선통신사 재현 행진이 '교토 코리아 페스티벌'의 하나로 펼쳐진다. 2022년 9월 18일 교토국제교류회관을 출발한 조선통신사 재현 행렬은 풍물패가 우리 민요와 농악으로 흥을 돋우는 가운데 쓰시마번사를 앞세운 사절단의 정사와 부사가 국서함을 받들고 오카자키공원 일대를 행진했다. 조선시대의 문사와 화가, 예인들의 모습도 재현하고 있다. 민단교토본부가 주최하고 교토한일친선협회 등이 후원하는 조선통신사 재현 행사는 코로나19 사태 속에서도 중단 없이 계속됐다. 나라 간의 관계는 나빠도 사람 사이의 끈은 놓지 말자는 의지의 표현이다.

조선통신사는 1607년부터 1811년까지 12차례 일본(마지막은 쓰시마

방문)을 방문했다. 조선 입장에서는 피로인(임진왜란 때 끌려간 조선인) 송환과 문화전수를 통해 일본의 침략욕구를 억제할 필요가 있었고, 일본 쪽에서는 대규모 조선사절단의 방일을 통해 막부의 권위를 높일 수 있었기에 200여 년에 걸쳐 계속될 수 있었다.

통신사 일행은 300~500명 규모의 종합문화사절단이었다. 부산에서 출발해 뱃길로 오사카까지 온 뒤 막부가 제공한 배로 갈아타고 요도가와淀川강을 거슬러 교토에 들어왔다. 교토에서부터는 육로로 에도에 갔다.

요도가와강의 옛 요도항은 교토로 들어가는 선착장이었다. 교토시 후시미구 게이한선 요도역에서 내려 오른쪽으로 조금 걸어가면 노소교차로가 나온다. 그 한쪽에 '도진간기구지唐人雁木旧趾'라고 쓴 표지석을 발견할 수 있다. 지금은 물길이 바뀌어 포구는 없어졌지만, 이곳이 조선통신사 일행이 일본에 상륙해 본격적으로 육로 행진을 시작하는 기점이었다. 도진간기란 지명도 조선통신사로 인해 생겼다.

도진간기의 도진唐人(당인)은 조선사람, 간기雁木(안목)는 육지로 올라서는 선창 계단을 뜻한다. 일본에서 당唐은 한韓과 함께 '가라'로 훈독되는데 모두 사실상 한반도에서 온 '한인'을 가리킨다. 가라는 아마도 '가야'에서 왔을 것이다. 요도항을 관할하는 요도번은 조선통신사가 올 때마다 3년 전부터 준비에 들어갈 만큼 이 행사를 중시했기에 도진간기란 특정 시설물이 지명으로까지 됐다. 교토시 미나미구에도 '가라하시唐橋'라는 지명이 있다. 일찍이 신라, 주로는 발해사절단이 교토에 들어올 때 건너던 다리가 있었는데, 다리가 없어진 지금에도 여전히 그 지명이 남아 있다.

조선통신사는 도진간기에서 일본에 공식 상륙, 가라하시가 있는 남쪽 교외를 지나 도지東寺에 도착해 휴식을 취한 뒤 교토 시내 대로를 행진해 다이토쿠지, 혼코쿠지本国寺, 도후쿠지, 혼노지本能寺 등 숙소로 사용하는 절에 들어갔다.

교토는 조선 입장에서도 매우 중요한 경유지였다. 실권이 없다 해도 왕이 있는 '왜경倭京'이고, 고려 이래 수백 년간 한-일 정부사이의 외교 창구를 담당한 곳이기 때문이다. 교토에는 쇼군과 회견하던 에도막부 초기에 3주 정도 장기 체류한 적이 있으나, 대부분 왕복 각각 1~2일 정도 머물렀다.

초기 사절단(이때는 회답겸쇄환사) 때는 짧은 일정 속에서도 전쟁 때 끌려온 피로인들을 만나 그들의 애환을 듣고 귀국 교섭에 진력했다. 사절단이 귀국 뒤 남긴 기록에 의하면, 구경 인파 속에서 울고 있는 조선 여인, 사절단 방문 소식을 듣고 멀리 남규슈에서 죽음을 무릅쓰고 피로인 현실을 알리러 달려온 사람, 전쟁이 끝난 지 20여 년이 흘렀는데도 사절단 행렬을 따라오며 간절히 고향 소식을 묻던 여인의 사연 등은 읽는 이들의 가슴을 아프게 한다.

조선통신사 행렬을 그린 풍속화 「조센츠신시라이 초도」(고베시립박물관 소장)

清道
清道

2022년 열린 교토의 조선통신사 재현 행렬. 이 행사는 3년간의 코로나19 사태에도 중단 없이 계속됐다.

조선 국왕이 쇼군에게 보내는 국서는 막부의 권위를 상징하기에 백성들이 잘 볼 수 있도록 가마에 실어 날랐다. 「조선통신사행렬도」, 국립중앙박물관 소장

10~20년마다 한 번씩 찾아오는 조선사절단은 교토 사람들에게도 "엄청난" 구경거리였다고 한다. 통신사가 올 때면 막부는 시민들에게 소동에 대비한 각종 금지령을 발동하며 몰려드는 구경꾼을 통제하는 데 골치를 썩여야 했다. 1711년에는 덴노가 군중 속에 숨어서 통신사 행렬을 구경했다는 소문이 퍼질 정도였다.

조선통신사는 조정에 보고하기 위해서도 교토의 마치나미町並み(거리 형태와 사람들의 생활상)를 비롯해 일본의 이모저모를 주의 깊게 관찰해 기록으로 남겼다. 제1차(1607년) 때의 부사 경섬은 "네거리마다 상가가 종횡하고 물건이 산더미 같다. 구경 나온 사람이 헤아릴 수 없이 많다"고 놀라워하고, 제3차(1624년) 부사 강홍중은 "교토가 오사카보다 10배

사절단이 일본에 공식 상륙했던 옛 요도포구 표지석
도진간기구지

는 큰 것 같다"는 놀라움 섞인 관찰기를 남겼다. 1719년 제술관 신유한은 수확을 다 못하고 있는 풍성한 들판, 곡식 농사와 함께 목면 재배가 활발하게 이뤄지는 교토 근교 농촌의 활기에도 주목하고 있다.

조선시대 들어 통신사라는 이름은 세종 시대에 처음 사용됐다. 단순한 사신 교환을 넘어 '성신誠信'(진실한 마음)을 바탕으로 한 교류가 이뤄져야 한다는 조선 쪽의 바람이 담겼다. 14세기 후반부터 16세기 중반까지 한-일 관계는 아주 좋았다. 이런 성신의 약속을 저버린 것이 도요토미 히데요시의 임진왜란이다.

조선통신사가 일본 방문을 마치고 돌아갈 때는 환송연 비슷한 것이 교토에서 열렸는데, 1719년 조선사절단이 이를 거부하면서 분쟁이 발생했다. 행사 장소가 도요토미가 세운 절(대불전) 앞인 데다 부근에 임진왜란 때 조선인의 귀와 코를 베어다 묻은 이총(또는 비총)이 있다는 걸 안 사절단이 크게 분노했다. 도요토미가 대형 불상을 짓고 귀(코)무덤을 만든 것은 "희생자에 대한 자비나 위령 따위가 아니라 실은 자신의 전공을 과시하고 무위를 후세에까지 전하겠다는 망상의 소산"이 아니던가. 이후 이 행사는 다시 열리지 않았다.

임진왜란 때 일본군이 베어간 조선인의 귀와 코를 묻은 귀(코)무덤. 도요토미 히데요시를 모신 도요쿠니 신사 앞에 있다.

조선통신사의 교토 숙소로 이용되었던 혼코쿠지 전경

2003년 교토시가 정비한 이총의 안내문에 "도요토미 히데요시가 일으킨 이 전쟁은 한반도 민중의 끈질긴 저항에 패퇴함으로써 막을 내렸으나 전란이 남긴 이 귀무덤(코무덤)은 전란 하에 입은 조선 민중의 수난을 역사의 교훈으로서 오늘날까지 전하고 있다"는 자성의 문구가 담긴 것은 그나마 다행스러운 일이다. 그러나 도요토미 히데요시를 신으로 모신 도요쿠니豊国신사가 여전히 이총을 '전공'처럼 거느린 모습은 '용서하되 잊지 말자'는 말의 의미를 깊이 경계시키고 있다.

대불전 분쟁 당시 일본 외교관이었던 유학자 아메노모리 호슈雨森芳洲(1668~1755)는 이렇게 한탄했다.

"(대불전 앞의 행사는) 일본이 '자기 나라에 이런 진귀한 대불이 있다는 것을 자랑하고, 은연중 상대방에게 이총을 보임으로써 일본의 무위를 뽐내고 싶어서'라고 들었다. 그러나 부처의 공덕에 무슨 대소의 차이가 있는가. 이총도 히데요시가 무명의 병사를 동원해 무수한 인민을 살해하도록 한 포악을 거듭 말하는 것에 불과하다. 어느 쪽이나 우리 나라의 불학무식을 드러낼 뿐이다."

이 글을 준비하는 동안 조선통신사 연구자로서 조선통신사 관련 기록물을 유네스코 세계기록유산에 등재(2018년)시키는 데 공헌한 나카오 히로시仲尾宏 선생이 86살을 일기로 지난 1월1일 타계했다는 소식을 들었다. 대학도서관에서 나카오 선생의 연구물을 열람할 때 그의 저작이 '인권연구센터' 이름으로 출판되고 있어서 선생 개인에게도 궁금증이 일었던 기억이 있다. 알고 보니 재일한국인 인권운동에 앞장선 분이었다. 선생은 앞에 인용한 글에서 일본인에게 "이 아메노모리 호슈의 '눈'을 잊지 말 것"을 당부하고 있다. 선생의 명복을 빈다. ◇

도진간기구지	교토시 후시미구 노소초 센본도리	
귀무덤(이총)	교토시 히가시야마구 차야초 533-1	
교토시국제교류회관	교토시 사쿄구 아와다구치 도리이초 2-1	kcif.or.jp

2. 쇼코쿠지, 다이토쿠지 相国寺, 大德寺

두 슈분 이야기

교토의 절 가운데 고려시대 이후 우리나라와 인연이 있는 대표적인 절로 쇼코쿠지相国寺와 다이토쿠지大德寺가 있다. 1382년 처음 짓기 시작한 쇼코쿠지는 조선시대 전반기 한-일 외교를 전담한 '일본 외무성' 같은 절이었다. 1315년 건립된 다이토쿠지는 건립 초부터 고려와 교류가 있어서 조선 초기엔 한국인 주지가 있었다고 할 정도로 한반도와 인연이 깊다. 임진왜란 이후엔 조선통신사가 머물러 가던 '한국센터' 같은 곳이었다. 쇼코쿠지가 권력자의 어용 사찰이라면 다이토쿠지는 그것을 비웃어주는 재야의 호랑이. 같은 종파(임제종)지만 성격이 판이한 '라이벌' 구도의 절이었다고 한다.

쇼코쿠지는 가미교구의 교토고쇼(옛 황궁) 뒤에 자리 잡고 있다. 일본 역사에서 몇 손가락에 꼽는 강력한 권력자였던 아시카가 요시미쓰(무로마치 막부 3대 쇼군)가 황궁 옆에 '하나노고쇼花の御所'라고 이름한 호화로운 자기 궁전을 짓고 그 옆에 쇼코쿠지를 지어 주요 정치외교 업무를 학승들에게 맡겼다. 쇼코쿠지는 높이가 109m나 되었다는 거대한 7층 목탑이 있었을 만큼 위세가 대단했으나, 화재와 전란으로 소실을 거듭하다가 1800년대 초에 가까스로 지금의 '축소된' 모습으로 재건됐다. 국보인 천장화 「반류즈蟠龍図」(반룡도)는 손뼉을 치면 울리는 반향이 마치 용이 우는 소리 같다고 하여 '우는 용'이라는 별명이 붙어 있다. 현재의 도시샤대학이 이 절의 경내이다.

다이토쿠지(교토시 기타구)는 황실 지원을 받는 융성한 절이었으나 내란으로 불탄 뒤 쇼코쿠지에 임제종 본산의 지위를 넘겨주고 재야로 물러선 선종사원이다. 명승이자 기인으로 대중적 인기가 높았던 잇큐一休(1394~1481) 선사가 주석하면서 선종사찰로서 명성을 되찾았다. 잇큐 주변엔 승려뿐 아니라 당대 일류 지식인과 예술가들이 운집해 하나의 사단을 이루었다. 쇼코쿠지파가 쇼군의 후원 아래 주류의 '아카데미'를 이루었다면, 다이토쿠지파는 야성이 우글대는 비주류의 '자유지대'였다고 할까. 전국시대 이후에는 여러 다이묘大名(지방 영주)의 지원을 받으며서 크게 융성했다.

23개의 탑두를 가진 광대한 사찰 전체가 하나의 "초일급 미술관"이라는 평을 듣는 다이토쿠지는 고려불화 등 우리나라 문화유산도 많이 소장하고 있다. 비공개의 삼문(금모각) 누각 안에는 현존하는 유일한 것으로, 임진왜란 때 약탈한 고려시대 목조 16나한상이 있다고 한다.[33] 절이 워낙 넓어서 일행이 수백 명인 조선통신사의 숙소로도 사용되었다.

쇼코쿠지와 다이토쿠지는 한·일 양국의 미술사에서 빼놓을 수 없는 화가들이 활약한 곳이다.

15세기 일본 수묵화의 시조로 불리는 슈분周文(생몰년 미상)이라는 승려화가가 있다. 슈분은 쇼코쿠지의 '도관'(사찰 실무 총책임자)이란 자신의 직책을 살려 당시 문화선진국이던 조선의 문물을 한발 앞서 흡수할 수 있었던 데다, 사절단 일원으로 직접 조선에 가(1423~1424) 조선 산수를 눈으로 보고 조선 화단과 접촉하면서 조선 화풍을 자기 그림에 받아들인 사람이다. 그래서 그와 그의 문파 그림에는 조선화풍이 강하게 배어 있다는 평을 받는다. 나중에 슈분의 제자로 일본 수묵화의 대성자가 된 셋슈雪舟(1420~1506)가 출현하기 전까지, 슈분이 활약하던 일본 수묵산수화 시기를 아예 '조선계'로 분류하는 미술사학자가 있을 정도다.

이 슈분과 함께 쇼코쿠지에서 활약한 또 한 사람의 슈분이 있다. 공교롭게도 일본어 발음이 똑같은 조선인 화가 수문秀文(성이 이씨라는 설

---

33 존 카터 코벨, 『일본에 남은 한국미술』, 글을읽다.

슈분周文, 「지쿠사이도쿠쇼즈竹斎読書図」(죽재독서도). 조선화풍이 강한 대표작. 일본국보

슈분(李)秀文, 「묵죽도」(1424). 『묵죽화책』에 수록. 책의 마지막 그림에 그가 조선에서 왔다는 관기가 있다. 일본중요문화재

이 있다.)이다. 이 수문은 1424년 주문이 사절단 일원으로 조선에 왔다가 돌아갈 때 주문을 따라 교토에 온 것으로 추정된다. 수문은 일본미술사에서 오랫동안 중국인으로 여겨져 왔으나, 20세기 들어 그가 그린 「묵죽화책墨竹畫冊」이 발견되면서 '조선 출신'임이 밝혀졌다. "온전한 조선화풍"의 이 그림은 수문이 이방의 땅에 처음 자신을 알리기 위해 심혈을 쏟아 그렸을 것이란 생각 때문인지, 절박함마저 느끼게 하는 아주 정치한 작품이다.

조선인 수문은 주문과 함께 쇼코쿠지를 근거로 교토 화단을 누비다가 후견인의 영지(지금의 후쿠이현 에치젠)로 가서 그곳 화단에 정착했다고 전해진다. 수문은 그의 제자(아들 설이 있다)중 한 사람인 소가 자소쿠曾我蛇足가 하나의 화파를 이루면서 '소가파의 비조'로서 일본미술사에 이름을 남기고 있다.

잇큐 선사가 거처한 다이토쿠지 신주안真珠院의 장벽화는 15세기 일본 수묵산수화의 걸작 중 하나로 평가받는데, 바로 이 자소쿠의 작품으로 알려져 있다. 잇큐 선사는 아버지가 천황, 어머니가 고려 공녀로 알려진 사람으로, 소가 자소쿠는 이 잇큐 사단의 일원이었다.

잇큐 주변의 자소쿠 같은 '조선계' 화가 중에 문청文清이라는 화가가 있다. 일본미술사에서는 분세이라 부르는 일본인 화가이다. 그러나 분세이가 조선에 유학을 다녀온 일본 화승인지, 조선에서 일본으로 건너간 한국 화승 문청인지는 아직도 미스터리다. 다만 그의 초기 화풍이 안견을 따르고 있다는 것만큼은 한일 모두 인정한다.

주문의 '슈분파', 그리고 수문이나 자소쿠 같은 '조선계'의 그림에는 또 다른 공통점도 있다. 어느 쪽이든 후기로 가면서 화풍이 변했다는 것이다. 슈분파는 전성시대로 갈수록 조선화풍이 짙어지고, 수문과 문청의 그림은 세월이 흐를수록 조선풍은 옅어지고 현지의 색채가 두드러져 갔다는 것이다. 수문秀文은 슈분周文에게 스며들어 '새로움'을 낳고, 슈분周文은 수문秀文 속에 들어가 '안정'을 낳았다고나 할까.

다이토쿠지 신주안. 한국 문화유산이 많은 곳이다.

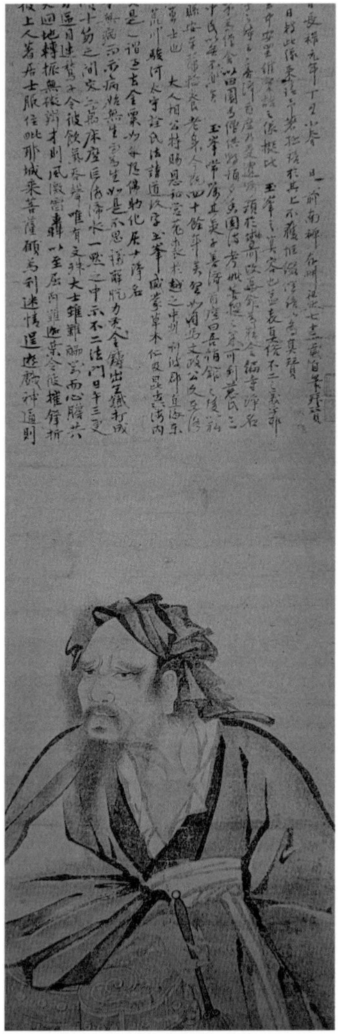

문청 文淸, 「유마힐거사도」. 일본중요문화재

조세쓰, 「효넨즈」. 일본국보로 지정된 선묵화

여기에 흥미로운 가설 하나가 있다. 교토시 북구 묘신지妙心寺 탑두 타이조인退蔵院이라는 절에 일본이 자랑하는 15세기 초 선묵화 한 점이 걸려 있다(국보인지라 진본은 교토박물관에 있다). '표주박으로 메기를 잡을 수 있는가'라는 선禪 수행 공안을 주제로 그린 「효넨즈瓢鮎図」(표점도)인데, 조세쓰如拙(생몰년 미상)라는 선묵화의 대가가 그린 것이다. 슈분周文은 바로 이 조세쓰의 제자이다. 그런데 다이토쿠지 신주안에는 조선에서 온 슈분秀文이 바로 조세쓰의 아들이란 전승이 있었다고 한다.[27] "조세쓰가 죽기 전에 제자에게 조선에 두고 온 아들을 부탁했고, 슈분은

쇼코쿠지. 조선 초기 한-일 외교와 문화교류를 담당했다.

스승의 아들을 일본에 데려와 새로운 삶을 열어주었고, 아들의 화업은 다시 제자(혈육)에게 이어져 마침내 하나의 화파(소가파)를 이룬 것은 아닐까….”

가설은 가설일 뿐이지만, 일본의 한 미술사가는 주문의 슈분파와 자소쿠의 소가파 그림에는 “공히 어떤 ‘적막함’이 흐르고 있다”고 했다. 다시는 돌아가지 못할 고향을 떠나왔거나, 소외지대에 고독하게 남아

---

34 존 카터 코벨, 『일본에 남은 한국미술』, 글을읽다.

현실을 살아갈 수밖에 없는 뿌리 뽑힌 자들의 심연을 그는 보았는지 모른다.

교토 북동쪽 해안가 후쿠이현은 바다 건너 한반도를 마주 보는 지방이다. 수문은 그곳 에치젠 지방에서 일본화가 '슈분'으로 살다 갔다. 그 일대에서는 근대에까지 '秀文'의 관인이 있는 그림들이 종종 나타나곤 했다고 한다.

15세기 일본 수묵화단에는 이처럼 '조선계' 화가(주로 화승의 신분이었을 것이다)가 많이 활동했다. 조선이 일본보다 문화적으로 앞서 있기도 했지만, 당시는 고려가 망하고 조선이 들어선 왕조교체기에다 강력한 배불정책이 시행되고 있었다. 숱한 사찰이 폐사되거나 산중으로 축출되면서 사원과 불사에 의지해 살던 많은 화승과 장인이 생업의 위기에 처했을 것이다. 그들이 간 곳은 어디일까? 당시 일본은 막부와 지방 영주들이 앞다퉈 선종사원을 짓거나 대규모 불사를 일으키고 있었다. ◇

쇼코쿠지	교토시 가미교구 쇼코쿠지 몬젠초 701	shokoku-ji.jp
다이토쿠지	교토시 기타구 무라사키노 다이토쿠지초 53	
묘신지 타이조인	교토시 우쿄구 하나조노묘신시 35	

3. 만주지, 지온인, 우토로마을 万寿寺, 知恩院, ウトロ

한, 일 연대의 자취를 따라

교토도 자이니치在日(재일동포)의 역사가 깊다. 한때 인구가 수십만에 달했다. 일본 인구통계에 따르면 해방 직전인 1944년 일본에 거주한 재일동포는 거의 200만 명에 육박했다. 1930년대 이후 중일전쟁과 제2차 세계대전 징용, 노동이민 등이 동포 인구 증가에 영향을 미쳤다. 인구가 팽창하면서 혐오의 시선도 넓어졌지만, 억압과 차별에 맞서는 두 나라 민중의 연대와 우정의 역사도 깊어졌다. 특히 교토는 자유민권사상과 사회주의·노동운동의 뿌리가 깊은 곳이다. 적지 않은 두 나라 지식인, 학생, 노동자들이 민족과 '적籍'을 떠나 '동지'가 됐다. '5월'을 맞아 교토에 남아 있는 한·일 연대의 자취를 찾아가 봤다. 안내서는 『교토에서 본 한일통사』(정재정, 2007).

본격적으로 자이니치의 자취를 따라가기 전에 '적籍', 일본어로는 '세키'에 대해 잠시 살펴보는 것이 유익할 듯하다. '적'은 1945년 이후 일본이 종전 전부터 자국 영토 안에 살고 있는 외국인에게 부여한 출신 국가 분류 표시다. 예를 들어, 식민지 조선 출신은 '조선적', 대만 출신은 '대만적'으로 분류했다. 해방 이후 일본에 남은 재일동포는 모두 '조선적'이다가, 1965년 한·일 수교 이후 민단계는 대부분 한국 국적을 취득했다. 그러나 북한과는 미수교 상태가 이어지면서 다수의 총련계와 "통일된 뒤 '통일 조국'의 국적을 갖겠다"고 생각하는 재일동포는 '조선적'을 그대로 유지하고 있다. 사실상 무국적 상태인 셈이다.

2005년 일본에서 개봉돼 화제를 모은 영화 「박치기」(이즈쓰 가즈유키 감독)는 이런 자이니치의 역사와 애환을 소재로 한 일본 영화이다. 2006년 한국에서도 개봉된 영화의 전편에는 노래 '임진강'이 흐른다. 1957년 북한에서 만들어진 이 노래는 일본에서도 1966년 '더 포크 크루세이더스'라는 그룹이 번안곡으로 불러 인기를 끌었다. 멤버 중 한 명이 교토의 조선중고급학교에 갔다가 우연히 이 노래를 알게 되었다고 한다.

한반도 분단의 아픔을 담은 노래이지만, 당시 활발했던 일본 학생운동권에게도 전파되어 많이 불려졌다. 그러나 가사 개사 문제로 북한 당국과 갈등이 빚어져 사실상 '방송금지곡'이 되었다가 2000년 남북 정상회담 이후 '복권'됐다. 그사이에도 일본 민중운동 현장에서는 이 노래가 애창됐다고 한다.

일본 육사 시절 박정희도 묵어 갔다는 교토의 '조선계 사찰' 만수사. "조국이 통일된 뒤 고향 땅에 묻히겠다"는 1천여 명의 유골이 안치돼 있다고 한다.

영화 「박치기」의 무대는 교토 남쪽 히가시쿠조東九条다. 옛날부터 교토에서 자이니치가 가장 많이 살았고 지금도 그렇다. 이 길을 따라 9조대교 서쪽에 하얀색 건물의 재일대한기독교회 교토남부교회가 있고 동쪽으로 다리를 건너면 교토에서 단풍이 아름답기로 유명한 도후쿠지 절이 나온다. 그 길목에 만주지万寿寺(만수사)라는 작은 절이 하나 있다. 도후쿠지 단풍 구경에 나섰다면 만주지 절도 한 번 살펴보고 가기 바란다(절 내부는 '비공개'를 원칙으로 해서 들어갈 수 없을 때가 있다).

만수사 입구의 '재경도조선인불교도 귀국기념비'. "세계의 항구 평화와 인류의 행복을 위해 노력하자"는 문구가 한글과 일본어로 새겨져 있다.

절 표지석에는 '교토5산 만수선사'라는 절 이름과 '재경도조선인불교도귀국기념 在京都朝鮮人佛教徒歸國記念'이라는 글귀를 새겼다. 뒷면에는 한글과 일본어로 "세계의 항구 평화와 인류의 행복을 위하여 함께 노력하자 조·일우호친선 만세 난암"이라는 글이 보인다. 1959년(이해부터 일본에서 북한으로 '조선인'의 북송이 시작됐다)에 세웠다는데, '조·일우호친선만세'라는 글귀가 이채롭다. 북한과 일본 사이에 흐른 우여곡절의 세월을 말해주는 듯 하다.

만주지, 즉 만수사는 일제강점기부터 교토 자이니치의 중요한 '거점'이었다. 비석을 세운 '난암'은 조선 승려 출신으로 일본 임제종 승려가 된 유종묵柳宗黙(1893~1983)이다. 3·1운동 후 중국·만주 등에서 활동하다가 1929년 출가해 근대의 뛰어난 선승 중 한 사람인 한암漢巖(1876~1951)의 제자가 됐다. 1935년 통도사의 지원으로 임제종 대학인 교토 하나조노花園대학에 유학했다. 같은 한암의 제자였던 탄허(1913~1983)는 스승의 비문을 쓰면서 난암을 '스승의 법통을 이어받아 종풍을 떨친 두 명의 제자 중 한 사람'으로 꼽고 있다('이강옥 교수의 한국선 이야기' 중).

그런 그가 왜 해방 뒤 한국으로 돌아가지 않고 일본에 남았는지는 그의 일본 불교 활동, 통일운동 등의 행적으로 피상적인 짐작은 할 수 있다. 그는 교토 만수사와 도쿄 국평사에 수천 구의 자이니치 유골을 안치하고 "조국이 통일된 뒤" 고향 땅에 묻어줄 것을 다짐했다. 그런 난암이 주지로 있는 만수사에는 많은 자이니치와 한반도에서 온 동포가 모여들었고, 만수사는 일약 교토 재일 커뮤니티의 사랑방 같은 곳이 됐던 것 같다. 『교토에서 본 한일통사』에는 일본 육사 시절의 박정희 전 대통령도 교토에 왔을 때 이곳에서 묵었다는 이야기가 나온다. 아마도 대구사범 시절 이래의 어떤 '인맥'이 작용했으리란 생각을 해본다.

만수사 방문에 이어 5월14일에는 봄비를 맞으며 '기온 야사카신사' 뒤의 큰절 지온인知恩院을 찾아갔다. '교토해방운동전사 추도제'를 참관하기 위해서였다. 그러나 '안전' 문제 때문인지 '관계자' 외에는 행사장 입장이 허용되지 않아 유감이었다. 행사 참관을 포기하고 지온인 삼문三門 왼쪽 주차장 공간에 숨은 듯이 서 있는 '교토해방운동전사의 비碑' 앞에서 묵념으로 위령의 마음을 전했다.

'교토해방운동전사의 비'는 "민주주의 일본을 위해 교토에서 진보적·혁신적 사회운동, 노동운동 등에 헌신한 선각자들을 현창하기 위해" 1958년 건립됐다. 아카하타赤旗(일본 노동조합운동의 상징 깃발)가 관을 덮은 형상에 "영원한 영광과 무한한 감사를"(비에 새긴 추모문) 영령들에게 바치고 있다. 이후 해마다 5월 둘째 일요일에 추도제를 열고 그 전해에 숨진 사람을 추가 합사하는데, 코로나19 사태 이전인 2019년까지 총 3064명이 합사됐다고 한다. 그중 1983년 이전 기준으로 11명의 한국·조선인(해방 전 5명, 해방 후 6명)이 포함돼 있다. 『교토에서 본 한일통사』에는 그중 4명의 이름이 나와 있다. '정휘세鄭輝世(1906~1931), 경북 예천 출신, 1931년 나라형무소 옥사'. '박진朴震, 경남 출신, 1932년 9월 마쓰바라경찰서에서 고문사'. '황주승黃周承, 1931년 마쓰바라경

아카하타(적기)가 관을 덮고 있는 모습의 '교토해방운동전사의 비'. "영원한 영광과 무한한 감사를"이라는 작은 글씨 아래 3천여 명의 위패가 묻혀 있다.

찰서 고문사'. '안윤익安允益, 1952년 7월 교토 미나미야마시로 반기지 투쟁에서 경찰에 의해 사살'. 이분들 중 정휘세 선생만 2006년 한국 정부로부터 건국훈장 애국장이 추서돼 있다. 나머지 3분과 이름이 알려지지 않은 분들도 모두 해방 전 활동을 근거로 '독립운동가'로서 마땅히 기억되고 현창되어야 할 것이다.

세 번째로 찾아간 곳은 우토로ウトロ마을이다. 한일우호와 시민연대의 현대적 상징이 된 '자이니치 거주권 확보 투쟁'의 현장. 교토역에서 긴테쓰교토선 신타나베행을 타고 10정류장 가면 이세다역이다. 서쪽 출구로 나와 길을 따라 걸으면 우토로지구를 알리는 표지가 보인다.

1940년대 군용비행장 건설에 동원된 조선인 노동자와 그 가족들이 살던 '한바飯場'(건설노동자 합숙소)에서 시작해 마을을 이룬 우토로는 2차대전 뒤 일본 정부가 비행장 땅을 기업에 매각하면서 졸지에 무허가촌이 됐고, 이후 기나긴 생존권 투쟁이 전개된다.

양심적인 일본인들과 진보적 시민단체들은 1989년 '우토로를 지키는 모임'을 만들어 국제적인 호소에 나섰고, 우토로 소식을 알게 된 한국에서도 지원 활동이 벌어진다. 두 나라에서 우토로 토지 매입을 위한 시민모금운동이 2005년 전개됐고, 2007년에는 한국 정부도 나서서 매입자금을 지원하기에 이른다. 참여정부 때 이야기다.

드디어 2017년 토지 매입이 성사됐고 주민들은 새로 지은 시영주택에 입주하면서 우토로마을의 기나긴 싸움이 '행복하게' 마무리됐다. 지난해 4월에는 한국의 '아름다운재단'이 진행한 모금지원 등에 힘입어 '우토로평화기념관'이 건립됐다. 2023년 1월 기준 총 방문자가 1만 명을 넘어섰다고 한다.

필자가 찾아간 5월 13일에도 일본 학생들과 시민단체 회원으로 보이는 젊은이들이 버스를 대절해 단체로 견학하고 있었다. 기념관 입구 방

우토로마을 생존권투쟁 역사를 전시하고 있는 우토로평화기념관. 일본 청년학생들의 견학과 방문이 줄을 잇는다.

명록을 몇 개 읽어본다. "인권에 무감각한 일본에 실망해 왔는데 우토로기념관을 보고 아직 실망할 때가 아니다, 서로 손잡고 사회를 변화시켜 가야 한다는 용기를 다시 가지게 된다. 감사합니다" "베이징겨울올림픽 선수들처럼 한국, 일본이라는 국적을 떠나 같은 인간으로서 우정을 나누고 싶다"… .

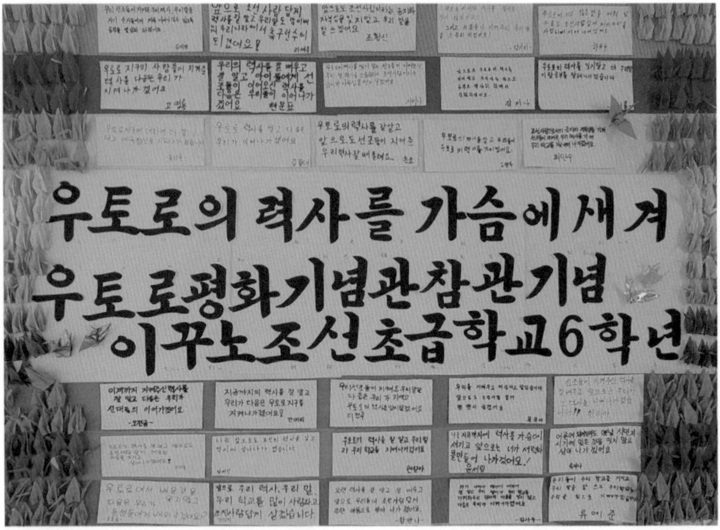

일본 조선인학교 6학년생들이 남기고 간 방명록

기념관 3층 벽에는 일본 조선인학교 6학년생들이 남기고 간 종이학 편지가 있다. "앞으로 조선사람답게 력사를 잘 알고 우리말도 많이 배워서 우리나라의 축구 선수가 되겠어요." 한국과 함께 손잡고 사회를 변화시키고 우정을 나누고 싶어 하는 일본 젊은이들과 우리 역사와 말을 잘 배워서 우리나라 축구선수가 되고 싶은 조선인학교 소년에게 동지의 마음으로 뜨거운 연대의 응원을 보낸다.

우토로평화기념관 누리집에 들어가면 우토로마을 이야기를 들을 수 있다. 한국에서도 많은 학교와 기관, 단체가 우토로기념관에 가보기를

권한다. 우지시에 위치한, 세계문화유산 뵤도인平等院에서 차로 10여 분 거리다. ◇

만주지

교토시 히가시야마구 혼마치 초메 15-786

교토해방운동전사의 비

교토시 히가시야마구 린카초 400

jcp-kyoto.jp/old/kyoto/haka/01kaihousenshi.html

우토로평화기념관

교토부 우지시 이세다초 우토로-51-43

utoro.jp/ko

재일대한기독교회 교토남부교회

교토시 미나미구 히가시쿠조 기타마쓰노키초 38

4. 고려미술관 高麗美術館

혐한과 반일을 넘어 우정을 모으다

교토 창세기를 상징하는 가미가모신사(교토시 기타구) 근처 주택가에 '고려미술관'이 있다. 일본 역사문화의 중심지 교토에서 오직 한국 문화유산만을 소장·전시하는 뜻깊은 곳이다. 한국학중앙연구원이 운영하는 인터넷 사전 『한국민족문화대백과』는 이 미술관의 의의에 대해 '소장품이 모두 일본에서 수집된 한국 문화유산이고 건립자가 '한국인'인 점, 그리고 한국 밖에 존재하는 세계 유일의 한국 문화유산전문 미술관이라는 점'을 들고 있다.

필자는 여기에 더하여, '고려高麗'라는 미술관 이름에도 각별한 의미를 부여하고 싶다. 남(대한민국)과 북(조선민주주의인민공화국)이 아닌 '통일한국KOREA'의 미술관이기를 염원했고, 한국/조선인들이 분단을

교토시 기타구에 있는 '고려미술관' 전경. 설립자 정조문이 살던 집을 전시관과 연구소 등으로 개조한 것으로, 올해로 개관 35주년을 맞았다. 정치적으로 한국/북한 어느 쪽에도 기울지 않았지만, 최근에는 해외에 흩어져 있는 우리 문화유산의 소재 발굴과 환수 노력에도 많은 도움을 주고 있다.

넘어 '세계인'이 되기를 바란 설립자의 마음이 그 이름에 담겨 있다. 게다가 이곳은 일본이 아닌가.

고려미술관은 1988년 재일동포 사업가 정조문(1918~1989)이 설립했다. 정조문이 수집한 고려청자, 조선백자, 회화, 민예품, 고대 유물 등 한국의 고미술품 1700여 점을 소장하고 있다. 한때는 관람객이 연간 1만

고려시대 5층 석탑. 고베의 들판에 흩어져 있던 것을 무려 15년에 걸쳐 주인을 설득해, 당시 2천만 엔을 주고 수습해 왔다고 한다.

명대일 때도 있었으며, 최근에도 한국에서 학생 수학여행단이 찾아오는 등 이 미술관의 소중함을 아는 한국인과 일본인의 발길이 끊이지 않고 있다.

정조문은 경북 예천에서 태어나 6살 때 부모를 따라 일본에 왔다. 11살부터 3년간 초등학교를 다닌 것이 학력의 전부인 정조문은 파친코 사업으로 경제적 성공을 이뤘으나, '자이니치'로서 민족적 정체성에 대한 갈증이 컸다. 총련에 속해 2세 교육 사업에 열성을 기울이던 30대 후반의 어느 날 교토의 한 고미술 가게에서 우연히 보게 된 조선백자가 인생의 방향을 결정지었다. 그는 아무 무늬도 없는 하얀 달항아리가 고가에 거래되는 것을 보고 놀랐다. "일본인들은 조선인을 멸시하고 차별하면서 왜 조선 문화는 좋아하는 것일까?" 이 '모순'이 그를 '조선미술관을 세우겠다'는 목표로 밀어붙였다. 그런 정조문을 격려하고 함께 발걸음을 맞추어간 동지들로 형 정귀문(1916~1986·재일 소설가)과 정씨 형제의 '역사 스승'이기도 했던 재일 소설가 김달수(1919~1997), 재일 사학자 이진희(1929~2012), 강재언(1926~2017), 그리고 일본 지식인들이 있었다.

정조문은 이들과 함께 먼저 한·일 고대사 전문 잡지를 출판하고 일본 속의 한국 문화를 찾아가는 답사여행을 이끌며 일본에 '고대사 붐'을 일으켰다. 1969년 창간해 1981년 50호를 끝으로 휴간한 『일본 속의 조선 문화』(계간지)는 일본 고대역사 속에 담긴 한반도의 영향과 한-일 관계사를 발굴·추적한 역사전문지였다. 일본인 스스로 역사의 진실을 알도록 하자는 편집 방침을 세우고 편집진에 최소 7 대 3 이상 일본인을 우위에 두도록 했다. 이들이 이끄는 답사여행(1972 ~ 1981년, 총 30회)도 대성황을 이뤄 한 회에 500명이 몰리기도 했다. 답사 참가자의 90%가 일본인이었다. 대중적 파급력도 커져서 "편견에 차 있던 일본 고대사에 이처럼 충격을 준 잡지는 없을 것"(『교토신문』)이란 평가를 받기도 했다.

고려미술관은 이 '역사 알리기'의 연장선에서 건립됐다. 지병을 앓던 정조문이 얼마 남지 않은 자신의 여명을 갈아넣은 필생의 결실이기도 했다.

정조문의 일대기와 미술관 설립 동기에 대해서는 국내에서도 다큐멘터리와 언론 보도, 영화, 저술 등으로 많이 소개돼 있다. 그래서 필자는 교토에 살면서 교토 기행을 쓰고 있는 한국인으로서 고려미술관 개관을 도운 일본인에 대해 기록을 남겨 두고자 한다. 정조문의 아들 정희두(현 고려미술관 대표)씨도 "당시 일본 지식인들과의 우정과 교류가 미술관 건립에 큰 힘이 된 사실이 한국 사회에 널리 알려지길 바란다"고 했다. 사실 아무리 돈이 있고 의지가 굳세도 사실상 무국적(정조문은 죽을 때까지 남북 어느 쪽도 아닌 일제강점기 때의 출신지를 나타내는 '조선적'을 유지했다) 상태의 '자이니치'가 일본에서 독자적인 기관을 세운다는 것은 말처럼 쉬운 일이 아니다. 그것을 잘 아는 정조문 형제는 일본 지식인들을 찾아다니며 도움을 청했는데, 그중 대표적인 인물이 역사소설가이자 문명비평가인 시바 료타로이다.

1974년 『일본 속의 조선 문화』 편집진 송년회 사진. 앞줄 왼쪽 두 사람이 정귀문·조문 형제, 둘째 줄 오른쪽 끝이 시바 료타로이다. 시바 옆이 우에다 마사아키 교토대 교수(초대고문·2대 고려미술관장), 앞줄 오른쪽 끝이 하야시야 다쓰사부로 교토대 교수(초대 고려미술관장). 둘째 줄 왼쪽 셋째가 재일소설가 김달수, 셋째 줄 오른쪽 끝이 재일사학자 이진희이다. 김달수의 오른쪽 옆은 교토 진보학계의 원로 스에가와 히로시(법학자. 리쓰메이칸대학 총장)이다.

일본의 '국민작가' 시바 료타로는 정씨 형제에겐 잊을 수 없는 '일본인'이다. 소설을 쓰던 정귀문의 절친한 문우로서 일찍이 정씨 형제의 사람됨과 뜻을 알던 그는 교토대 교수 우에다 마사아키上田正昭(1927~2016) 등 일본 지식인들과 정씨 형제 사이에서 가교 역할을 했다. 1973년 2월 도쿄 중앙공론사 홀에서 열린 '잡지 『일본 속의 조선 문화』를 격려하는 모임'에는 180여 명의 이름 있는 일본 지식인이 참석했

달항아리와 포즈를 취한 정조문

는데, 시바 료타로는 발기인으로 이 모임 개최를 주도했다. 그는 또 어느 자리에선가 이렇게 말했다.

"정씨 형제에게 『일본 속의 조선 문화』 창간 뜻을 처음 듣고, 3호까지라도 낼 수 있을까 생각했습니다. 그런데 지금 24호를 넘기고 있으니, 나는 인간의 의지에 대해 이 두 형제로부터 배웠다고 할 수 있습니다. 그리고 이 잡지와 인연을 맺으면서 비록 어렴풋하나마 내 눈에도 조선 문화의 원형이 보이기 시작했습니다."

1975년 4월 19일 교토 서북쪽 산으로 봄소풍을 갔을 때의 장면이다. 일행은 술을 마시고 장구 장단에 맞춰 춤추며 '아리랑'을 불렀다고 한다. 왼쪽은 시바 료타로, 오른쪽은 정조문.

시바는 유년 시절 외가 동네에서 만난 젊은 발굴 학자에게서 "이런 비슷한 것이 조선에서도 나와"라는 말을 듣고 문득 시야가 넓어지는 체험을 했다고 한다. 20대에는 만주 주둔 전차부대 소대장으로 일본이 일으킨 전쟁에 깊은 자괴를 느끼며 '어쩌다 일본이 이런 나라가 되었느냐'며 통곡했다는 일화도 있다. 그의 소설의 일관된 주제이기도 한 '일본인의 원형'으로서 고대 동아시아 문명에 대한 천착, 일본이 일으킨 전쟁에 대한 혐오, 역사의 수레바퀴에 깔려 신음하는 자이니치들에 대한 부채감과 연대의식이 그로 하여금 정씨 형제의 '무모한 도전'에 기꺼이 동참하게 했을 것이다.

시바 료타로가 1975년 봄소풍을 같이 한 재일 한국인들을 생각하며 쓴 시가 미술관 2층에 걸려 있다.

고려미술관 2층에는 미술관 탄생에 관한 기록물도 전시돼 있는데, 그 중에 정조문과 시바 료타로가 장구 장단에 맞춰 '아리랑'을 부르며 춤추는 영상(1975년 4월19일 교토 서북쪽 기누가사산 하라타니 언덕의 봄소풍)과 시바의 시가 있다.

> "야마시로(교토의 옛 지명)의 하라타니산엔 엷은 보랏빛 진달래가 피었다/ 시인 김시종은 말하네, 아느냐, 진달래는 조선이 원산인 것을/ 사람들이 용솟음치듯, 엉엉 우는 듯 춤춘다고, 이진희는 말하네/ 모리 호이치(역사학자)는 그래봐야 결국 토공土工이었다고 아파했지/ 돌아온 정가鄭家의 집에서 강재언은 엉망으로 취하고/ 김달수는 자꾸 신음하듯 울었다"

즐거운 소풍날에도 어쩔 수 없이 터져나오는 '자이니치의 한'이 시바의 가슴에도 절절하게 와 닿았던 것 같다.

고려미술관 입구엔 정조문 사진과 조선 백자 달항아리가 나란히 전시돼 있다. 옆은 현 고려미술관 대표인 아들 정희두씨.

고려미술관이 시바의 글씨로 문패를 만들어 걸어둘 만큼 그의 도움을 잊지 않고 있듯이, 시바의 문학 역시 이들과의 우정으로부터 적지 않은 영감을 받았으리라 짐작해본다.

시바의 대표작 『언덕 위의 구름』은 한반도를 둘러싸고 벌어진 청일전쟁과 러일전쟁을 무대로 한 역사소설로 이 시기(1969~1972)에 쓰였다. 그가 1971년 9월 시작해 죽을 때까지 계속한 기행수필 『가도街道를 가다』의 첫 장은 백제인들이 망명 온 오미近江 지방(교토 동쪽 시가현 지역)

에서 이야기가 시작되고, 제2권은 한국 기행으로 채워져 있다. 김해(가야)-경주(신라)-부여(백제)를 돌아보고 일본에 돌아온 시바가 다시 오미의 망명백제인을 회상하는 것으로 이야기를 마치는 구성은 앞으로 전개될 『가도를 가다』 전체가 '일본인은 누구인가'라는 질문을 찾아가는 여로가 될 것을 암시했다고 필자는 생각한다.

죽기 넉 달 전인 1988년 10월25일 고려미술관 개관 초대장에 정조문은 이렇게 썼다. 시바 료타로를 비롯해 고려미술관 설립에 힘을 보탠 모든 일본인의 바람도 같을 것이다.

> "제가 바라는 것은 온 세계 사람들이 우리 조국의 역사와 문화를 올바르게 이해함으로써 진정한 국제인이 되기 위한 일보를 내딛는 것입니다. 한국/조선의 풍토 속에서 키워진 '아름다움'은 여전히 이 일본에서, 언어와 사상, 이념을 넘어 우리에게 말을 걸고 있습니다. 부디 고요한 마음으로 그 소리를 들어주시기 바랍니다."

덧붙여

정조문 형제의 『일본 속의 조선 문화』 발행과 고려미술관 건립에 동참·후원하거나 도움을 준 일본인의 이름과 관련 직함을 여기에 기록으로 남긴다(이노우에 미쓰오 이하 무순). 고려미술관에 전시된 자료와 필자가 본 기사만을 근거로 한 것이므로, 실제는 이보다 훨씬 많을 것이다.

시바료타로司馬遼太郎 우에다 마사아키上田正昭(조선문화사 고문. 고려미술관 2대관장) 아리미쓰 교이치有光教一(고고학자. 고려미술관연구소장) 하야시야 다쓰사부로林屋辰三郎(역사학자. 고려미술관 초대관장) 이노우에 미쓰오井上滿郎(역사학자. 고려미술관 3대관장) 모리 호이치森浩一(역사학자) 오카베 이쓰코岡部伊都子(수필가) 스에가와 히로시末川博(법학자. 리쓰메이칸대학 총장) 나오키 고지로直木孝次郎(역사학자) 이노우에 히데오井上秀雄(역사학자) 유카와 히데키湯川秀樹(물리학자. 노벨상 수상) 에가미 나미오江上波夫(고고학자) 무라이 야스히코村井康彦(역사학자) 쓰치하시 유다카土橋寬(역사학자) 요시다 미쓰쿠니吉田光邦(과학사가) 오자키 기사오尾崎喜左雄(고고학자) 이노우에 야스시井上靖(소설가) 마쓰모토 세이초松本清張(소설가) 다니가와 데쓰조谷川徹三(철학자) 오카모토 다로岡本太郎(미술가) 가도와키 데이지門脇禎二(역사학자) 와카모리 타로和歌森太郎(민속학자) 다케우치 요시미竹內好(문학평론가), 이노우에 미쓰사다井上光貞(역사학자. 일본국립민속박물관초대관장) 나카노 시게하루中野重治(소설가) 진순신陳舜臣(역사소설가) 아리요시 사와코有吉佐和子(소설가) 쓰루미 순스케鶴見俊輔(사상가) 우메하라 다케시梅原猛(문화비평가) 기리하라 다케시桐原健(고고학자) 나가타케 다케시永竹威(도자사연구가) 다무라 엔초田村圓澄(불교사학자) 구노 다케시 久野健(불교조각사연구가) 요시다 쇼야 吉田璋也(민예운동가) 이케다 추이치 池田忠一(공예연구가) 나카즈가와 야스오이치 中津川保一(향토사학자) 미즈노 아키요시 水野明善(문예평론가) 쓰보이 료헤이 坪井良平(고고학자) 야마오 유키히사 山尾幸久(역사학자) 미가미 쓰기오 三上次男(고고학자) 고야마 후지오 小山富士夫(도예가) 하세베 가쿠지 長谷部樂爾(도쿄국립박물관동양미술실장) 藤野雅之(교도통신 기자) 岩田晶(미상) 松本良子(미상)

일본 속의 조선문화 권두좌담 참가자

伊達宗泰(나라고고박물관주임) 原田伴彦(오사카시립대학교수) 古田実(가와치향토문화연구회상임이사) 山澤一則(아리타도자미술관부관장) 坪井清足(나라국립문화재연구소부장) 岩村就司(NHK) 長谷川誠(나라국립문화재연구소미술공예연구실장) 源豊宗(전 간사이학원대학교수) 森田進(시코쿠학원대학강사) 三木精一(오사카부문화재애호추진위원) 岸俊男(교토대학교수) 毛利久(고베대학교수) 岡崎敬(큐슈대학교수) 菊竹淳一 永留久惠(쓰시마계지중학교장) 大野嶺夫(와카야마시사편찬위원) 坂元義種(교토부립대학여자단기대학부조교수) 平野邦雄(도쿄여자대학교수) 田辺聖子(작가) 中西進(세이조대학교수) 井上薫(오사카대학교수) 堀池春峰(나라대학교수) 橋本澄夫(고고학자) 吉岡康暢(이시카와현향토자료관자료과장) 原田伴彦 藤澤一夫(시텐노지여자대학교수) 大塚初重(메이지대학교수) 高麗明津(고려신사궁사) 佐野仁應(八日시고교교사) 水野祐

上原和(세이조대학교수) 石田松藏(단바사연구회간사) 櫃本誠一(효고현교육위원회기사) 奧野正男(쓰쿠시고대문화연구회원) 筑紫豊(후쿠오카현문화재보호심의회위원) 賀川光夫(벳푸대학교수) 泊勝美(조선사연구위원) 中野幡能(오이타현립예술단기대학교수) 飯沼二郎 岡崎讓治(오사카시립미술관관장) 鍵田忠三郎(나라시장) 黑巖重吾 金井塚良一(사이타마현립역사자료관부관장) 中野敬次郎(오다와라시문화재보호위원) 原島禮二(사이타마대학교수) 飯島一彦(시나노방송제작부) 梅澤重昭(군마현립역사박물관부관장) 畑敏雄(군마대학학장) 野村增一 中尾芳治 檀上重光 松本正信(히메지고등학교교유) 清水真一(돗도리현교육위원회) 野田久男(돗도리현교육위원회) 伊藤秋男(난잔대학교수) 中西光夫(시립신시로소학교교장) 本多靜雄(나고야민예협회장) 飯島進(야마나시현고고학협회부회장) 備仲臣道 辰巳和弘(시즈오카현교육위원) 六車惠一(일본고고학협회원) ◇

고려미술관 교토시 기타구 시치쿠 가미노키시초 15 koryomuseum.or.jp

5. 쓰바키데라 椿寺

디아스포라에서 우호의 상징이 되기까지

교토시 북구 기타노하쿠바이초에 곤요잔지조인昆陽山地藏院이란 작은 절이 있다. 1589년 도요토미 히데요시의 명으로 지금의 자리에 재건된 절이라고 한다. 그런데 이 절은 본명보다는 '동백절'이라는 뜻의 '쓰바키데라椿寺'로 더 불린다. 쓰바키데라의 동백은 동백나무가 지천인 일본 열도에서도 매우 보기 드문 '오색동백'이다. 일반적인 진홍빛뿐만 아니라, 흰색·분홍색 등이 섞인 여러 색깔의 꽃을 피우는 희귀품종이다. 꽃잎도 홑잎이 아니라 겹잎이고, 꽃이 질 때는 뭉치째로 떨어지는 보통의 동백과는 달리 꽃잎이 낱장으로 떨어져서 '고시키야에치리쓰바키', 즉 오색팔중산춘五色八重散椿이라는 이 동백만의 특별한 이름을 얻었다.

쓰바키데라 전경

이 쓰바키데라의 오색팔중산춘이 필자의 관심을 끈 것은 그 희귀성 때문만이 아니다. 한-일 간 애증 어린 역사가 이 아름다운 꽃에 짙게 배어 있기 때문이다. 오색팔중산춘의 본래 자생지는 우리나라 동남부 도시 울산이었다. 임진왜란 때 "끌려와" 교토에 뿌리를 내렸다. 원산지 울산에서는 맥이 끊기고 교토에서만 꽃을 피우던 동백이 30년 전 한국에도 다시 심어져 꽃을 피우고 있다. 한반도와 일본 열도에 한 아버지, 어머

교토의 고시키야에치리쓰바키. 임진왜란 때 울산에서 반출된 원목의 후세목이다.

니를 가진 2세, 3세목들이 400여 년 만에 바다를 사이에 두고 함께 꽃을 피운다는 이야기는 적어도 한·일 양국 사람들에게는 일말의 감상을 불러일으키기에 충분한 설정이 아닌가.

쓰바키데라의 오색팔중산춘은 '공식적'으로는 도요토미 히데요시가 이 절에 기증한 것으로 돼 있지만, 실제 기증자는 임진왜란 당시 일본군 선봉장의 한 사람인 가토 기요마사加藤清正다. 가토가 오색팔중산춘을 일본으로 반출한 것은 임진왜란이 끝나던 1598년 무렵으로 생각된다.

가토는 정유재란 시기에 주둔했던 울산에서 이 희귀 동백을 발견하고 주군인 도요토미 히데요시에게 진상(동백은 장수를 상징한다)하기 위해 일본에 가져왔다. 그리고 히데요시가 죽은 뒤 그와 인연이 깊은 이 절에 옮겨져 정성 어린 돌봄을 받은 끝에 뿌리를 내리는 데 성공한 것 같다. 권력자의 후광에다 진귀한 오색 꽃을 피워 절의 이름까지 바꾸게 한 울산의 동백나무는 먼 이국땅에서 천수를 다하고 1983년 애석하게 고사했다고 한다. 현재의 오색팔중산춘은 꺾꽂이로 증식한 '후세목'으로 수령이 120년 이상 되었다고 하니, 19세기 후반 어느 시기에 주목의 고사에 대비한 꺾꽂이 증식이 있었던 것으로 추정할 수 있다.

이 오색팔중산춘이 1992년 '고향'에 돌아오게 된 것은 전쟁과 식민지 시대의 한이 불러일으키는 민족주의적 열정이 크게 작용했다. 당시 한국과 일본의 언론보도에 따르면, 1989년 일본 교토를 여행하던 시인 최종두 울산예총지부장 일행이 쓰바키데라의 동백나무에 얽힌 "기구한" 사연을 알게 되면서 울산 동백의 '귀환운동'이 시작된다.

오색팔중산춘이 독점 상표나 다름없는 쓰바키데라 쪽이 '재반출'을 한사코 거부해 운동은 지지부진했으나, 당시 일본 불교와 교류가 깊었던 부산 자비사 박삼중 주지가 한일불교복지협회라는 단체를 통해 쓰바키데라 쪽을 설득하는 데 성공한 것 같다.

당시 쓰바키데라 쪽이 박 스님에게 건넨 오색팔중산춘은 2대 후세목에서 다시 가지를 친 3세목 3그루. 40~50cm 정도 크기의 어린나무는

사진제공 울산시청 장정대 주무관

울산시청 마당의 오색팔중산춘. 교토의 후세목에서 다시 가지를 친 31살의 3세목이다.

1992년 5월 성대한 기념식과 함께 충남 천안 독립기념관, 경남 사천의 조명군총(1597년 정유재란 때 왜군을 몰아내기 위해 결전을 벌이다 전사한 조선과 명나라 연합군의 무덤), 그리고 울산시청에 한 그루씩 심어졌으나, 울산시청 마당(초록원)에 심은 것만 살아남았다.

어렵사리 자생지에 돌아와 뿌리를 내린 오색팔중산춘은 울산시청의 정성 어린 돌봄 끝에 귀향 5년째부터 꽃을 피웠다. 울산시청에서 오색팔중산춘을 전담 관리하는 장정대 주무관과 최근 연락이 닿았는데, 친절하게도 활짝 꽃을 피운 울산의 3세목 사진을 직접 찍어서 보내주었고, 필자도 답례로 쓰바키데라의 2세목 사진을 보내 드렸다. 장 주무관은 "한국에 돌아온 3그루 중 우리 것만 살았는데, 울산이 고향이라서 그랬나 싶다"며 "30년 전 교토의 절에서 기증받은 것이란 이야기만 들었는데 직접 사진으로 보니 우리도 더 잘 가꾸어야겠다는 생각이 든다"고 말했다.

장 주무관에 따르면, 울산에 온 3세목에서 다시 가지를 친 4세대 나무들이 울산시청농업기술센터에서 자라고 있는데, 최근에 그중 잘 자란 10그루를 3세목 옆에 옮겨 심었다고 한다. 장차 동산도 조성할 계획이라고 하니 머지않아 울산에 오색팔중산춘이 활짝 핀 동백꽃동산을 보게 될 것 같다.

가토가 울산에서 오색팔중산춘을 일본에 가져왔다는 전승이 과거 우리나라에 오색동백이 자생했다는 유일한 '기록'이다. 그래서인지 오색팔중산춘의 한국 도래설에 의문을 표시하는 일본인도 적지 않다. 절 안내문에도 가토에 대한 이야기는 더는 하지 않는다. 일본 원산설을 주장하고 싶거나, 한국인이 몰래 와서 나무를 뽑아갈 거라는 둥의, 일종의 '혐한'이 작용하고 있는지도 모른다.

아무튼 한국 도래설을 부정하는 핵심 근거는 연대가 맞지 않는다는

교토의 동백꽃

점이다. 도요토미가 나무를 절에 기증한 계기가 되었다는 기타노다회茶會는 임진왜란이 일어나기 전인 1587년에 있었던 행사라는 것, 가토가 전쟁이 끝나고 교토에 돌아왔을 때는 히데요시가 이미 죽은 뒤였다는 것 등이 꼽힌다. 즉 쓰바키데라의 오색팔중산춘은 도요토미 히데요시와 관계가 있지, 가토와는 관계가 없다는 것이다. 시점으로만 보면 확실히 의문을 제기할 만하다.

그런데 필자는 우연히 다른 책에서 게코지華光寺라는 절에 '오색동백'이 유명했다는 이야기를 접했다. 교토시 가미교구의 데미즈라는 동네에 '7가지 불가사의'가 있는데, 그중 하나가 희귀한 오색꽃을 피우는 게코지의 동백나무였다는 것이다. 그리고 묘하게도 이 게코지라는 절은

사진제공 울산시청 장정대 주무관

울산의 동백꽃

히데요시의 후원으로 지어진 절이고, 경내에는 쓰바키데라처럼 가토 기요마사 후손 일족의 묘비가 안치돼 있다. 이는 쓰바키데라와 게코지의 오색팔중산춘이 모두 히데요시와 가토의 군신 관계와 깊은 관련이 있음을 방증한다.

가토가 오색팔중산춘을 일본에 가져왔을 때는 히데요시가 이미 죽은 뒤였기 때문에 나무는 두 사람과 인연이 깊은 쓰바키데라에 맡겨졌고, 절 쪽에서는 권력자 가문의 후광을 업기 위해 점차 가토보다는 도요토미와의 인연을 앞세우면서 가토 기요마사 대신 도요토미 히데요시 기증설이 생겨났을 것이다.

디아스포라라는 말이 있다. 고향을 떠나 타지에서 흩어져 살게 된 운명을 뜻할 때 종종 사용한다. 꽃에도 디아스포라의 운명이 있을까? 그곳이 어디라도 아름다운 꽃을 피운다면 그곳이 그 꽃의 자리가 아닌가? 그러나 인간의 역사는 그런 자리를 쉽게 허용하지 않는다.

울산 동백이 쓰바키데라에 갔다가 다시 '고향'에 돌아온 것을 '빼앗긴 꽃의 귀환'으로 반긴 당시 언론보도는 침략의 상처를 기억하는 한국인에게는 결코 과장된 수사만은 아닐 것이다. 그리고 일본인이 400년도 넘게 정성을 기울여 가꾸고 후손을 낳아 키운 나무를 '자기 것'이라고 여기는 마음 또한 결코 이상한 일이 아니다. 그렇지만 양쪽이 용서와 사죄의 마음으로 화해의 손을 잡은 끝에 후손목들이 본래의 자생지에서 다시 꽃을 피우고 있다. 긴 시간의 흐름에서 보면 인간의 역사도 순환하는 자연의 일부이다. 꽃의 디아스포라를 평화의 상징으로 승화시키는 것은 결국 인간의 일이다. ◇

쓰바키데라	교토시 기타구 다이쇼군 가와바타초 2	jizouin.exblog.jp

에필로그

동주를 기다리며

1.

객원연구원 생활을 마치고 교토를 떠날 때, 독락獨樂의 역사문화여행을 허락해 준 이 고도古都에게 어떻게 작별인사를 할까, 생각해 본 적이 있었다. 그 시간이 왔을 때, 나는 도시샤同志社대학 교정의 '윤동주시비' 앞에 문득 서 있었다.

한국인으로서 교토에 살면서 윤동주기념비를 찾아보는 일은 일종의 '의무'에 해당했다. 교토여행기를 쓰게 되었을 때도 빼놓지 말자고 다짐했다. 특히 도시샤대학의 시비는 이미 '관광' 명소로도 이름나 있으니.

윤동주기념비는 교토 시내에 2개, 인접한 우지宇治시에 한 개가 있다. 1995년 가장 먼저 세워진 것이 윤동주가 다녔던 도시샤대학의 '윤동주

시비'이다. 도시샤대학교우회 '코리아클럽'이 발의하고,[1] 교정에 개인 기념물을 만들지 않는 원칙을 고수했던 대학 측도 특별히 예외를 허락했다. 두 번째는 교토예술대학 다카하라高原캠퍼스 앞에 2006년 세워진 '윤동주 유혼留魂의 비'이다. 윤동주 하숙집이 있던 자리이다. 교토시 남쪽 우지가와 강변의 '시인 윤동주 기억과 화해의 비'는 교토시민의 주도로 2017년 건립됐다. 우지가와 강변은 윤동주가 체포되기 몇 달 전, 학우들과 귀향송별 소풍을 가서 '아리랑'을 불렀던 곳이다. 한 시인의, 그것도 외국인의 기념비가 인접한 곳에 20여 년에 걸쳐 몇 개나 생긴 일은 흔하지 않을 듯하다. 그만큼 윤동주가 교토사람들에게 친숙한(?) 시인이 되어 있다고도 생각할 수 있을 것이다.

시인 윤동주는 1945년 2월 16일 일본 후쿠오카형무소에서 27살의 짧은 생애를 마쳤다. 1942년 10월부터 도시샤대학 영문과를 다니다 1943년 7월 14일 치안유지법 위반혐의로 경찰에 체포될 때까지 약 9개월여 동안 교토에서 살았다. "일본군국주의의 전쟁동원을 피해" 여름방학 중에 고향 용정으로 돌아가려 했으나 끝내 돌아가지 못했다. 그러나 당시 일본인 누구도 이 '불귀不歸'에 대해 책임을 말하지 않았다. 세월이 흘러, 일본어로 「서시序詩」를 읽게 된 일본인의 마음에, 맑은 영혼의 울림 같은

1 당시 도시샤대학 유학생이던 종교사학자 서정민 교수, 재일동포 기업인 한석희씨 등의 숨은 노력이 있었다고 한다.

시에 공명하면 할수록 군국주의 일본에 '타살'당한 시인에 대한 애틋함과 미안함도 커져갔으리라 생각한다.

2.

막상 돌아갈 때가 임박하여 교토 생활을 정리하려고 보니, 기념비를 방문했을 때의 일들이 새삼 의미 있는 에피소드로 되살아났다. 2022년 봄, 교토에 처음 도착한 날 찾아간 곳이 도시샤대학이었다. 나의 교토 생활을 안내해 줄 청년과 만나는 장소였다. 자이니치 3세로 대학에서 한국어를 강의하고 있는 오인제 선생은 반가운 첫인사를 나누기 무섭게 내게 물었다.
"윤동주시비는 다녀오셨나요?"
빨리 숙소로 가서 짐을 풀고 싶은 마음이었지만, 어디에 있는지 몰라서 못 갔다고 둘러대자, 그는 곧장 교정의 시비 앞으로 나를 이끌고 갔다. 그렇게 해서 전혀 뜻밖에 윤동주 시인과 그 옆의 정지용 시인에게 맨 먼저 교토 안착의 인사를 드리게 되었다. 그 후 얼마 지나지 않아 이 눈빛 맑고 잘생긴 청년이 남북한 어디에도 속하길 거부한 '조선적'을 유지하고 있다는 사실을 알게 되었다. 그제서야 그의 마음속에 윤동주라는 "코리아의 민족시인"(시비 뒷면의 글)이 어떤 의미와 자부심으로 새겨져 있는지가 가슴 찡하게 전해져 왔다.

교토예술대학이 세운 '윤동주 유혼의 비'를 찾아갔을 때의 일이다. 비는 주택가 속의 캠퍼스입구 옆에 있었다. 캠퍼스 자리가 윤동주가 하숙했던 '다케다아파트(2층목조)'의 터임에 착안한 이 비는 동주의 '서시'와 함께 "윤동주의 시혼은 그가 작품활동을 하던 이곳에 지금도 살아 숨쉬고 있다"는 추모의 글을 새겨놓고 있다. 나중에 들으니, 이 유혼비 건립에 앞장선 분은 조선통신사 연구의 권위자로 자이니치 인권운동에 헌신했던 고 나카오 히로시 교수('조선통신사가 지나간 장소들' 편 참조)였다고 한다.그런데 필자가 기념비를 둘러보고 있던 중에 한 여성이 비석 앞에 흰 백합화를 정성스레 놓아두는 것이었다. 사연을 물어보니, 근처 기독교 교회신도들이 "같은 크리스천으로서" 돌아가며 추모의 꽃을 바치고 있다고 했다. 그녀의 말씨에는 같은 종교를 가진 사람으로서의 순수한 동질감이 숨김없이 묻어나고 있었다.

우지가와 강변의 '시인 윤동주 기억과 화해의 비'를 처음 갔을 때는, 기념비를 찾지 못해 동주일행이 기념사진을 찍었던 아마가세현수교 주변만 한참동안 헤매고 말았다. 낙담하여 돌아오는 길에 문득 우지가와 강변을 따라 앞서거니 뒷서거니 걸어왔던 서너명의 여성이 초행길이 아닌 듯 자연스럽게 다리를 건너 오른쪽으로 방향을 잡고 걸어갔던 것이 생각났다. 서둘러 되돌아 가보니 기념비로 가지 않을 거면 굳이 갈 이유가 없는 길이었다. 역시 그분들도 기념비로 가는 분들이었고, 어쩌면 '시인 윤동주를 기리는 교토의 모임' 회원일 수도 있었다. 이 기념비 건립을 이끈 분이 그들 중에 있었을지 모른다는 데까지 상상이 미치자, 감사인사를 전할 기회를 놓친 것 같아 미안하고 아쉬운 마음까지 들었다. 우지강의 '기억과 화해의 비'는 시인 윤동주와 그의 시를 사랑한 곤타니 노부코라는 "평범한 주부"의 발의로 건립움직임이 시작되어, 안자이 이쿠로 리쓰메이칸대 명예교수, 미즈노 나오키 교토대 교수 등 뜻을 같이하는 교토의 지식인, 인권운동가, 예술인 등이 참여해 2005년 건립추진위가 구성됐다. 그러나 험한 기류에 휘말려 난항을 겪다가 윤동주 탄생 100주년이 되는 2017년, 추진위 구성 후 12년 만에 어렵게 기념비를 세울 수 있었다고 한다.

> "(…) 2004년, 유엔이 5월 8~9일을 '제2차대전 중에 생명을 잃은 사람들에 대한 추도와 화해의 시간'으로 결의했다. 우리들은 이 결의를 존중하고, 자기실현의 길을 차단당한 시인 윤동주가 살았던 증거를 미래에 전하기 위해, 시 '새로운 길'을 새긴 비를 이곳에 세운다."

맹지처럼 외진 강변의 기념비 위치에서, 비 건립을 방해했던 보이지 않는 손들의 '꼼수'가 역력히 느껴졌지만, 그럴수록 비에 새겨진 동주의 시가 더욱 뜻깊게 부각되는 것 같았다.

내를 건너서 숲으로/ 고개를 넘어서 마을로/ 어제도 가고 오늘도 갈/ 나의 새로운 길/ 민들레가 피고 까치가 날고/ 아가씨가 지나고 바람이 일고/ 나의 길은 언제나 새로운 길/ 오늘도…내일도…/ 내를 건너서 숲으로/ 고개를 넘어서 마을로

돌이켜 보면, 교토의 윤동주기념비는 저마다의 '현실'이 바라는 동주의 얼굴을 하고 있다. '민족시인', '크리스천', '생명과 인권'… 여전히 그런 표상들이 절실한 작금의 현실 때문이겠지만, 과연 동주가 바란 자신의 얼굴은 무엇이었을까?

3.

『생명의 시인 윤동주』(다고 기치로 지음, 한울엠플러스〔주〕 펴냄)라는 책이 있다. 윤동주 연구의 기념비적인 기록으로, 그 내용을 자세히 소개할 수 없는 것이 유감이지만, "1년에 한 두 번, 정해놓기라도 한 듯이, 교토의 낡은 민가에서 반세기 넘도록 잠들어 있는 윤동주의 시고가 발견되는 꿈을 꾼다"는 지은이의 말에 그만 나도 모르게 흐르는 눈물을 주체할 수 없었던 일만큼은 여기에 남겨두고 싶다.

이 책은 윤동주를 '생명의 시인'이라 부르며 '모든 죽어가는 것들이 시가 되기까지'라는 부제를 붙이고 있다. 나는 윤동주가 '생명의 시인'

이며, 윤동주의 삶이 '모든 생명이 시가 되는 과정'이었다는 지은이의 결론에 백번 공감한다. 동주의 '시'가 없었다면 우리는 과연 무엇으로 '동주'의 삶을 추념하고, 이 세상의 희망에 대해 이야기할 수 있을까?

확신컨대, 동주가 바란 것은 역시 문학이었을 것이다. 시로서 생명과 인간과 자연을, 하늘과 바람과 별을 노래하는 일이었을 것이다. 다만 그것이 잔혹한 국가주의 폭력에 의해, 살아서 다 쓰지 못한 시가 되고 말았을 뿐.

윤동주가 일본으로 유학을 떠날 때, 친구들에게 맡기고 간 시집으로 정지용, 백석, 서정주 등과 함께 일본시인에 미요시 다쓰지三好達治(1900~1964)가 있었다. 남긴 시집 숫자도 가장 많았으니, 동주가 특별히 사랑한 시인이었음에 틀림없을 것이다. 『생명의 시인 윤동주』를 읽고 알게 된 뒤, 그의 시집을 구해서 읽게 된 것도 이 즈음의 일이다.

> (…)/ 벗이여 시가 번창하지 않는 나라에서/우리 오랫동안 가난한 시를 줄기차게 써왔다/ 고독이며 실의며 궁핍이며 나날이 사라지는 공상이며/ 아아 오랫동안 우리 20년이나 그것들을 노래했다/ 우리는 참을성 있게 견뎌냈고/ 그렇게 우리도 나이를 먹었다/ 우리 뒤에 지금은 무엇이 남아 있는가/ 묻지 마라 지금은 아직 뒤를 돌아볼 때가 아니다/(…)

미요시 다쓰지, 「센슌구고淺春偶語」(이른 봄날 마주 보며 하는 말) 중에서. 필자 졸역.

동주가 젊어서 죽지 않고 이 시를 쓸 무렵의 미요시 나이가 되었을 때, 한국에서, 또는 그 어디에선가 이런 비슷한 시를 쓰게 되지는 않았을까, 생각도 해봤다. 아무튼 동주를 읽는 일본인들이 많아졌다니, 동주가 사숙한 일본시인의 시를 읽는 한국인도 얼마쯤은 있어야 하지 않을까….

4.

이제 이 교토기행의 발걸음을 멈춰야 할 때가 된 것 같다.

나는 왜 교토를 떠나는 즈음에 미리 짜놓은 알리바이처럼 새삼 윤동주를 호명하며, 시비 앞에 서서 귀향신고를 하는가? 다시 돌아오고 싶은 마음이었을 것이다. 내게 교토는 여름의 습기만 빼고 다 좋았으므로. 그래서 생각해 보는 것이지만, 동주는 교토에 다시 돌아가(오)고 싶어하지 않았을까?

1943년 7월 여름 동주는 교토역에 나타나지 않았다. 고향집에 미리 귀향전보까지 치고 학우와 함께 기차를 타기로 약속한 날이었다. 그러나 동주는 그 기차를 타지 못했다. 아마도 그날은 동주가 체포된 7월 14일이거나 그다음 날이었을 것이다.

정말 그랬으면 좋으련만, 동주가 그날의 기차를 탔다면, 고향 언덕에서 일본군국주의의 패망과 조국 해방의 소식을 들을 수 있었을 것이다.

그리고 1946년 봄이나 가을, 히라누마 도주가 아니라 윤동주의 이름으로 다시 교토에 돌아왔을 것이다. 그리고 교토에서 영문학 공부를 마치고, 프랜시스 잠과 라이나 마리아 릴케의 나라로 가거나, 용정으로 돌아가 패佩, 경鏡, 옥玉 같은, 이국 이름의 학생들을 가르치며 시를 썼을 것이다. 적어도 나는 그렇게 바라고 싶다. 그것이 전쟁 없는, 진정 평화로운 세상의 모습이 아니던가? 부질없다 해도, 다고 기치로 선생의 꿈처럼 일년에 한두 번만이라도, "동주가 교토에 돌아왔다"는 꿈을 꾸고 싶다. ◇

도시샤대학 윤동주시비

교토시 가미교구 겐부초 601

윤동주 유혼의 비, 교토예술대 다카하라교사

교토시 사쿄구 다나카 히가시다카하라초 25

시인 윤동주 기억과 화해의 비, 우지강

교토부 우지시 센고다니 시즈카와

참고도서

일본 서적

『교토京都』, 林屋辰三郎 저, 岩波新書, 2021.

『교토 속의 조선』, 朴鐘鳴 편, 明石書店, 1999.

『圖說 교토부의 역사』, 森谷尅久 저, 河出書房新社, 1994.

『교토학을 배우는 사람을 위해』, 上田正昭 감수, 芳賀徹 등 편, 世界思想社, 2002.

『교토의 길-역사와 민중』, 林屋辰三郎 등 편, 創元寺, 1974.

『야마토국가 성립의 비밀』, 澤田洋太郎 저, 新泉社, 2011.

『역사의 교차로에서-일본·중국·조선』, 司馬遼太郎 陳舜臣 金達壽 저, 講談社文庫, 2021.

『교토발견』, 梅原猛 저, 新潮社, 1997～2007.

『일본어와 신도』, 茂木貞純 저, 講談社, 2003.

『진하승秦河勝』, 井上滿郎 저, 吉川弘文館, 2022.

『신라신사와 고대 일본』, 出羽弘明 저, 同成社, 2016.

『신사의 성립과 전개』, 白山芳太郎 저, 富山房企劃, 2021.

『山溪칼러名鑑 교토』, 산과계곡사, 1992.

『사사寺社를 걸으면 교토를 안다』, 槙野修 저, 紫紅社 편, 紫紅社, 2010.

『교토를 걷는다』, JTB퍼블리싱, 2018.

『혼자만의 조용한 교토』, 柏井壽 저, SB新書, 2022.

『별책 태양-수묵화』, 平凡社, 1978년 여름호.

『일본의 미술』 4호(1966), 13호(1967), 34호(1969), 61호(1971), 69호(1972), 112호(1975), 153호(1979), 207호(1983)

『조선통신사와 교토』, 仲尾宏 저, 세계인권문제연구센터 인권문제연구총서, 2011.

『일본미술전집』, 小学館.

『일본미술전집』, 学習研究社.

『국사대사전』, 吉川弘文館.

『교토의 역사를 걷는다』 三枝曉子 저, 岩波新書, 2016.

『대계 조선통신사』 1～8, 辛基秀, 仲尾宏 등 저, 明石書店.

한국 서적

『교토에서 본 한일통사』, 정재정 저, 효형출판, 2010.
『도래인의 고고학과 역사』, 이송래 등 저, 김경택 옮김, 주류성, 2023.
『교양인을 위한 일본사』, 야마모토 히로후미 감수, 이재석 옮김, 청어람미디어, 2002.
『일본 속의 한국문화유적을 찾아서』, 김달수 저, 대원사, 1995.
『일본 안의 백제문화』, 임동권 저, 한국국제교류재단, 1994.
『일본 고대사의 진실』, 최재석 저, 일지사, 1998.
『고대 동북아시아의 여명』, 승천석 저, 백림출판사, 2003.
『일본에 남은 한국미술』, 존 카터 코벨 저, 김유경 편역, 글을 읽다, 2019.
『생명의 시인 윤동주』, 다고 기치로 저, 한울, 2018.
『한국회화사 연구』, 안휘준 저, 시공사, 2000.
『일본어 한자 훈독 우리말로 풀이하다』, 김세택 저, 기파랑, 2015.

교토, 길 위에 저 시간 속에

초판 1쇄 인쇄 2024년 7월 4일
초판 1쇄 발행 2024년 7월 12일

지은이 이인우
펴낸이 정해종

펴낸곳 (주)파람북
출판등록 2018년 4월 30일 제2018-000126호
주소 서울특별시 마포구 와우산로29가길 80(서교동) 4층
전자우편 info@parambook.co.kr
인스타그램 @param.book
페이스북 www.facebook.com/parambook/
네이버 포스트 m.post.naver.com/parambook
대표전화 02-2038-2633

편집 현종희
디자인 이승욱

ISBN 979-11-7274-002-3 03300

- 책값은 뒤표지에 있습니다.